走进日本丛书

U0649920

AI时代
能力
修炼

【日】田坂广志 _____ 著
魏海波 陈海燕 _____ 译

上海远东出版社

图书在版编目(CIP)数据

AI 时代能力修炼 /(日)田坂广志著;魏海波,陈
海燕译. —上海:上海远东出版社,2020
(走进日本)
ISBN 978 - 7 - 5476 - 1664 - 2

Ⅰ.①A… Ⅱ.①田… ②魏… ③陈… Ⅲ.①职业选
择—通俗读物 Ⅳ.①C913.2-49

中国版本图书馆 CIP 数据核字(2020)第 231726 号

能力を磨く AI時代に活躍する人材「3つの能力」
Nouryokuwomigaku AIjidainikatsuyakusurujinzai 'mittsunonouryoku'
Copyright © H.Tasaka 2019
All rights reserved.
First original Japanese edition published by NIPPON JITSUGYO PUBLISHING Co., Ltd.
Chinese (in simplified character only) translation rights arranged with NIPPON JITSUGYO
PUBLISHING Co., Ltd.
Through CREEK & RIVER Co., Ltd. and CREEK & RIVER SHANGHAI Co., Ltd.
本书中文简体字版由 NIPPON JITSUGYO PUBLISHING Co., Ltd.授权上海远东出版
社独家出版。未经出版者许可,本书任何部分不得以任何方式复制或抄袭。

策　　划　曹　建
责任编辑　陈占宏
封面设计　叶青峰

AI 时代能力修炼

(日)田坂广志　著　魏海波　陈海燕　译

出　　版　**上海遠東出版社**
　　　　　(200235　中国上海市钦州南路 81 号)
发　　行　上海人民出版社发行中心
印　　刷　上海信老印刷厂
开　　本　890×1240　1/32
印　　张　4.875
字　　数　100,000
版　　次　2021 年 1 月第 1 版
印　　次　2021 年 1 月第 1 次印刷
ISBN 978 - 7 - 5476 - 1664 - 2/F · 666
定　　价　38.00 元

为什么现在需要能力修炼

　　当读者拿起一本叫作《AI 时代能力修炼》的书,脑海里也许会浮现出这样的疑问:"但凡职场人士,应该很早就知道能力修炼的重要性了吧。为什么现在还在出这种题材的书?"

　　对于读者这样的疑问,我在本书开头就直截了当地回答了吧。

　　事实上,在今后的时代,"能力修炼"将变得比以往任何时代都更加重要。

　　其原因有三:

　　第一,能力会迅速过时。

　　第二,学历社会在衰退。

第三，AI 时代来临。

接下来就各项原因做个简略的说明。

第一个原因，"能力会迅速过时"的含义。

作为一名职场人士，如果想在工作中取得优秀的业绩，从周围获得高度的评价，就必须修炼和提高自己的工作能力，这在以往是常识。

而在更早以前，年轻时学习掌握的技能达到了一定水平，就可以靠着这项能力工作一辈子。用俗话来说，就是有了一个"铁饭碗"。

然而，现在的时代，是一个日新月异的时代。

过去说的"十年一变"甚至"二十年一变"，现在只需一年。社会、市场、产业、职业的变化之急剧令人目眩。

在这样的局势下，年轻时辛辛苦苦习得的工作能力，在社会、市场、产业、职业的变化中很快就会过时。每个人都必须随时学习和修炼新的能力。

而且现代人越来越长寿，也使得学习新能力成为了一个更加迫切的问题。

原本长寿是件好事，然而如果人人都能活到一百岁，那么在这漫长的一生中，职业本身也会变换数次，随之也就要求我们终其一生都要不断地去学习和修炼新的能力。

这就是"能力会迅速过时"的含义，是我们必须修炼能力的第一个原因。

　　再来看第二个原因，何谓"学历社会在衰退"？

　　正处于二十一世纪初的日本社会，走过了二十世纪的工业社会时代，又历经信息社会、知识社会，现在进入了可称之为"高度知识社会"的时代。

　　尽管处于这样的时代，日本现行的教育制度仍未从建立于工业社会时代的人才培养框架中脱离出来。

　　诚然，回顾二十世纪的工业社会，日本教育制度下诞生的"高学历"人才在工作上表现出了优秀的能力。在那个时代，"会学习"就意味着"会工作"。

　　然而，到了二十一世纪的高度知识社会，日本现行的教育制度下诞生的"高学历"人才，未必能在工作上表现优秀。

　　因为高度知识社会是一个在不断发生革新的社会，比起通过大公司大集团的组织体系，与互联网紧密连接更能发挥个人的才能。高度知识社会需要的是这样的领导能力：通过自己的人际交往能力和人格魅力召来同伴，给他们描绘美好的蓝图和理想，最终成就卓越的事业。

　　要在高度知识社会里成功，就应当具备"创新能力""建立关系的能力""领导能力"。令人遗憾的是，日本现行的教育制度并不适合为高度知识社会培养必需的人才。

　　现在社会上经常出现"高学历人才"工作表现不尽如人意的情况，这就意味着"能搞好学习的人才"并非就是"能做好工作的人才"。

　　也就是说，在现在的高度知识社会要成为一个"能做好工作的人才"，就不能满足于"学历"，不能骄傲于"学习成绩好"，而要锻炼在职场上有用的能力。

这就是"学历社会在衰退"的含义，是我们必须修炼能力的第二个原因。

那么第三个原因"AI 时代来临"是什么意思呢？

其实，在今后的社会里，我们必须修炼能力的最主要原因就是第三个原因。

因为今后 AI(Artificial Intelligence，人工智能)的开发将有更大的进步，AI 会在社会上更广泛地被普及，在 AI 时代，许多此前由人类来做的工作都将被 AI 替代。

因此，我们必须学习 AI 无法替代、唯有人类能具备的卓越能力，并且不断地修炼这个能力，才不会陷入"AI 失业"(在人工智能时代失业)的困境。

这就是"AI 时代来临"的含义，是我们必须修炼能力的第三个原因。

以上所说的三个原因，是"能力修炼"在今后的社会中将成为一个重要议题的原因，而其中最主要的原因就是"AI 时代来临"。

事实上，环顾当今社会，许多书籍杂志都在谈论"AI 失业"的话题。人们在讨论，随着 AI 的导入和普及，什么样的工作会被 AI 替代，哪个行业的人会失业？

然而，这些书籍杂志，以各种形式讨论了今后哪些职业会被 AI 淘汰，却很少提及在今后的 AI 时代，要成为一名"不被淘汰的人才"，甚至是"成功的人才"，该具备什么样的能力，以及该如何去修炼这些能力。

本书就是来讲述这些问题。

首先,在第一章我们将讲述,由于 AI 时代的到来,人才应该具备的能力发生了什么样的变化。

接下来在第二章将讲述,学历社会正在经历怎样的衰退。

然后从第三章到第五章将分别讲述,AI 时代成功人才的"三项能力"是什么,以及如何学习和修炼这些能力。

那么我们先来打开第一章,看看在 AI 时代将会发生些什么吧。

目　录

> 　　每个人都在谈论"AI失业"，却没有任何人告诉我们该如何面对。

第二章 "学历社会"正在崩塌 / 27

越是"高学历"的优秀人才越容易被 AI 打败。

第三章 AI 时代所需要的"职业能力"是什么 / 45

> "智慧的获取能力与传授能力"比"学习知识的能力"
> 更重要。

第一章

"知识型行业"半数人将失业

每个人都在谈论"AI 失业",却没有任何人告诉我们该如何面对。

1. "AI 革命"的风暴,将带来超乎想象的失业潮

在本章开头,笔者先来谈一下对未来严峻形势的预测。

"AI 革命"的风暴即将来临。

这场变革将带来超乎我们想象的失业大潮。

因此我们必须提前掌握高超的能力，以至于不被 AI 淘汰。

不过，笔者这么一说，读者群中通常会出现两种声音。

一种声音是这样的：

"确实，书籍杂志和报纸网络上都在说，随着 AI 的普及，会有许多岗位消失，不过我这个工作应该不要紧吧。"

而另一种声音是这样的：

"据说今后会有很多工作被 AI 代替，我很担心自己的这份工作也会成为其中之一，那我该怎么办呢？"

正在翻阅本书的读者，应该是和后者抱有同样的想法吧！

如果是的话，笔者相信你能够穿越这场 AI 革命的风暴。不，岂止是穿越风暴，你还能愈战愈勇、走向成功。

因为，当我们回顾职业与产业的历史就会发现，在过往急剧的技术革命风暴中，有一些职业和产业已经被淘汰、消灭，而那些被淘汰、被消灭的行业从业人员，都有一个"共同特征"。

那就是，"没有适当的危机感"。

很遗憾，这就是那些被时代所淘汰的人们的"共同特征"。

而反过来，"有适当的危机感"，是一个人的优点。

关于这一点，接下来要讲一件令笔者深有感触的事情。

2. 意识到自己的工作将不再被需要、有危机感的人才能成功

2016 年，笔者接到某个团体的演讲邀请。

笔者每年都会接到来自各个行业的许多演讲邀请,但这次邀请,令笔者十分震惊,感慨颇深。

这次演讲邀请,来自东京注册税务师协会。当笔者询问主办方需要一个什么样的演讲主题时,对方的回答令笔者十分震惊。

对方一脸真诚地跟笔者说:"AI革命就要到来了,我认为我们这个行业的工作有一半将在十年之内消失。我们想请您来讲一讲,作为税务师现在该学习和掌握一些什么样的能力,来应对这场变革。"

此前来委托我演讲的主题有各式各样的,比如预测未来、信息革命、知识社会、企业经营、工作方式、人生态度等等,但是如此充满迫切感危机感的演讲还真是罕见,这就是令我震惊的原因。

而令我感慨颇深的原因则在于,东京注册税务师协会最早预见了AI革命将带来危机,并且已经在考虑具体对策。

现在这个时代,随着技术革新的加速发展,各种变化加剧,导致某个市场、某种产业、某个行业、某个工作在短时间内忽然被消灭,这在当今社会已经是司空见惯的事情了。而正如前面所述,在这样的变化当中,被淘汰的企业和人才,就是那些看不到这种变化带来的威胁,没有危机感,从而没有为战胜危机制定对策的企业和人才。

因此,笔者对敏锐地嗅觉到了危机、具备强烈的危机感,从而委托笔者来做演讲的东京注册税务师协会的这个态度,十分叹服。

诚如斯言,今后AI技术将急速发展,并在社会上普及开来。社会运转方式、企业生存形态、工作方式都将发生巨变。这也将导致对人才的条件需求发生根本性的改变。

因此,东京注册税务师协会的危机感,即今后十年内税务师和会计师工作的一半将被 AI 替代的说法,绝不是夸大其词。

这并不仅限于税务师和会计师行业。包括律师在内的各种需要资格证书的所谓高门槛行业,其相当一部分工作都会被 AI 取代。

事实上,不止是这些需要资格证书的高门槛行业,在大公司里从事"知识型工作"的许多人才,其工作也将被 AI 夺去。

比如银行里从事审查业务的人,大部分将失去工作。公司里做法务、会计的人,以及做调查、人事的人,他们的工作很多都会被 AI 抢走,面临转岗或失业。

然而,尽管危机已在不远处,现在在大公司里上班的许多人,至今仍对这场"AI 失业"的可怕程度一无所知。

究其原因,恐怕仍在于日本企业文化中根深蒂固的组织文化,和人们"盲目乐观"的精神,以及"温水煮青蛙综合症"的表现。大家都知道"温水煮青蛙"的故事,把青蛙放进温水锅里慢慢加热,青蛙不会想到要逃跑,直到水沸腾被烧死。"温水煮青蛙综合症"就是与此类似的一种心理表现。

那么伴随着今后 AI 的发展和普及为什么,会发生大规模严重的"AI 失业"呢?

想要理解这个事情,就要搞清楚如下两点:

第一,现在的知识型工作,需要人们具备哪些能力?

第二,在那些能力当中,哪些是将被 AI 所取代的?

我们首先来介绍第一点,"现在的知识型工作,需要人们具备哪些能力"。

3. 在当今高度发达的知识社会,每个人都需要的"五项能力"

笔者不妨开门见山地直说了,在当今的知识型工作中,每个人都必须具备如下"五项能力"。

第一项可称之为"基本能力"。

它是从事知识型工作时的"专注力"和"持续力",是指一个人能专心致志地投入工作的深度、持续工作的长度。这项能力也被称为"脑力上的体力"。

第二项可称之为"学习能力"。

这项能力即"逻辑思考能力"和"学习知识的能力"。在日本现行的教育制度下,这项能力高的人,善于考试,毕业于名牌大学,是大家眼中的"高学历"人才。这项能力也就是一般人眼中的"学习能力"。

此处所讲的"知识"(knowledge),指的是能用语言表达出来的,能通过书籍和文献学习的东西。因此也可以称之为"文献类知识"。

第三项可称之为"职业能力"。

在现实社会中,要被别人认为"工作做得好",这项能力是必备的。创造力、策划能力、会议主持能力、演示(presentation)能力、销售能力、交涉能力等都属于"职业能力"。"职业能力"的基础在于"直觉判断力"和"智慧的获取能力",它与"学习能力"所包含的"逻辑思考能力"和"学习知识的能力"完全不同,是更高阶的能力。

此处所讲的"智慧"(wisdom),是用语言无法表达出来的,只有通过亲身经历和体验才能掌握的东西。因此也可以称之为"经验型智慧"。

第四项可称之为"人际交往能力"。

这是一种能够理解对方的想法、觉察对方的感受,并且能让对方理解自己的想法、将自己的感受传达给对方的能力,也可以称之为"交流能力"。在当今的高度知识社会,人们经常说"接待客人的能力"(hospitality)很重要,而"接待客人的能力"本质上也是一种"交流能力"。

然而,"交流能力"最高明的部分,不是语言的措辞、说话方式等"语言能力"。事实上,"交流能力"的百分之八十并非来自语言,而是通过目光或眼神、表情或脸色、动作或举止、姿态或姿势、气氛或环境等来进行信息交换的"非语言能力"。

第五项可称之为"组织能力"。

这是指在负责一个组织或团队的时候,能够有效地管理该组织或团队、发挥自己领导才干的能力。

在二十世纪的工业社会,"管理能力"和"领导能力"来源于高层给予的"权限"和"权力",用权力推动员工、使之服从。而到了二十一世纪的高度知识社会,"管理能力"和"领导能力"更多地来自于能使人自发地想和你一起工作、一道前行的"人际关系能力"和

"人格魅力"。

以上就"五项能力"分别做了简单的阐述,总结下来即,在高度知识社会的职场上工作需要如下"五项能力"。

第一,基本能力(专注力和持续力)。

第二,学习能力(逻辑思维能力和学习知识的能力)。

第三,职业能力(直觉判断力和智慧的获取能力)。

第四,人际交往能力(交流能力和接待客户的能力)。

第五,组织能力(管理能力和领导能力)。

与此对照,即将在职场上普及开来的 AI,拥有什么样的能力呢?而它拥有的那些能力,比起人类又有哪些"优势"呢?

4. AI 的"三项能力",人类绝对无法企及

AI 有三项能力比起人类处于压倒性的优势地位,这三项能力概括如下。

第一项是"无限的专注力和持续力"。

这一项就不需要笔者特别解释了吧。无论多么庞大的数据,无论要花多长时间,计算机都可以完全不知疲倦地处理。

从这个维度上来说,人类的专注力和持续力这两种基本能力,在 AI 面前简直不堪一击。

比如象棋 AI 和围棋 AI,可以通过与自己的对弈来进行"自我学习",一晚上即使对战数千局也易如反掌。反观人类,一晚上的

自我对弈最多不过数局。

第二项是"超快速的逻辑思维能力"。

在这一点上 AI 的厉害之处为人所知是通过 1997 年 AI 深蓝与国际象棋棋王 Garry Kasparov 的对战。

众所周知,在这场国际象棋大战中,AI 首次战胜了拥有世界最强大脑的人。也将这一事实摆在了人们面前,即,在棋盘上"走一步,看三步"的逻辑思维能力方面,人类不敌计算机。

不过,此时人们还是认为"国际象棋的规则比较简单,所以计算机能赢。如果换成规则比较复杂的传统象棋或者围棋,计算机应该就很难赢了。"

然而现实是在这次对战之后不到二十年,无论是在传统象棋上还是围棋上,AI 都战胜了人类的最强大脑。

这些事例说明,现阶段,人类的逻辑思维能力已经远远赶不上 AI。

而更应该让我们感受到威胁的是,不仅在国际象棋、传统象棋、围棋等游戏的世界里,在我们日常的工作生活中,也发生了很多类似的事情。

比如,在 2015 年的时候,欧美的一些先进的律师事务所,就已经使用 AI 从几百页合同的大量条款中寻找纰漏。这曾是年轻律师或者律师助理的工作。

另外,还有美国的某金融公司,曾经有 600 名交易员,由于 AI 的导入,现在只剩下 2 名。

那么为什么这些工作会最先被 AI 替换呢?

一个原因是,刚才所举例的这两种工作,都不是以"人的内心""顾客的内心"作为对象的工作。详细说来就是,这样的工作不需要考虑到"人的内心""顾客的内心",所以无需"交流能力"和"接待客户的能力",只需用纯粹的"逻辑思维能力"即可处理。

然而这么说来大家可能会认为,银行的窗口业务、酒店的前台服务等需要考虑到"顾客内心"的工作,眼下就不会被 AI 取代了。实际上,这些工作也没有那么乐观。

因为随着今后 AI 语音对话技术的提高,相应地,AI 也会逐渐具备"接待客人的能力"。在银行的窗口业务和投资理财咨询服务等工作上,一个员工如果达不到该岗位所需要的专业且娴熟的接待能力,那么无论从成本考虑还是从专业度考虑,迟早会被 AI 取代。

酒店的前台工作亦同理。如果员工只会"微笑服务",而不具备专业且娴熟的接待能力去招待顾客,那么迟早会被 AI 取代。

近年来,一些大的银行公布了 AI 导入计划和大规模的结构调整、裁员计划。想必其他行业也会相继跟上,从而导致大规模的"AI 裁员"和"AI 失业"现象。而这些员工在失去原本的工作、转移到其他岗位之时,又是否具备那个岗位所需求的专业且娴熟的能力,将是一个严峻的问题。

在今后的 AI 时代,任何行业都需要专业且娴熟的"接待客人的能力",这种能力是通过长年累月与顾客打交道的经验积累而练就的,绝非一朝一夕之功。也就是说,我们应该清醒地认识到,在一个职场或者一份工作上不曾积累练就的能力,换到一个新的职场或者一份新的工作,想要走捷径达成是不可能的。

因此,面对即将到来的 AI 时代,我们应该意识到,无论身处怎样的职场和岗位,都应该从日常的工作中一点一点学习和修炼"接待客户的能力"。至于具体方法,我们到后面的第四章中再来细谈。

5. 只会"纸上谈兵",必遭 AI 淘汰

话说现在去书店可以看到很多训练"逻辑思维"的书。很多人认为修炼逻辑思维能力对于提高工作能力非常重要。

诚然,在工作中,基本的逻辑思维能力是不可或缺的。然而在今后的时代,仅仅在逻辑思维能力方面突出的人才,早晚会被 AI 淘汰。

笔者小时候会打算盘,计算速度快且准确,就凭这一点,别人常常夸奖笔者以后工作上会是把好手。

然而之后发生了信息革命,电脑普及开来,人们可以使用到各种方便的计算软件了。从此"会打算盘""算术很好"再也不等同于能做好工作了。

同样地,在今后的时代,倚重"逻辑思维能力"的工作将逐步被 AI 替换。如果仅仅是在逻辑思维能力方面比较突出,将不再意味着工作上也会出色。

美国有一家企业的修理工厂已经引入了 AI 来工作。在收到

顾客关于产品的修理委托后，AI基于该产品的详细设计信息，从原理上计算出排查故障的步骤和有效的修理程序，并告知现场的工人，工人则依照AI的指示来修理产品。

因为机器人技术还没有发达到能媲美人类手指的灵活度，所以从某种意义上来说，现在出现了AI负责脑力劳动、人类负责体力劳动的"机器与人类地位逆转"的情况。不过随着机器人技术的发展，在不久的将来，如果工人没有娴熟的技艺傍身，一定会被淘汰。

机器人技术的话题暂不做过多展开了，我们在此应该已经明白，面对今后的AI时代，我们必须掌握的不是AI很容易就能把我们打败的"逻辑思维能力"，而是能从顾客不经意的表情或者语言中敏锐地捕捉顾客心思的"直觉判断力""感觉判断力"。这种判断力要如何修炼，将在第四章中详细介绍。

所以，在此我们首先要看清的一个事实就是，我们原来掌握的"学习能力"当中很重要的一项能力——"逻辑思维能力"，在AI面前是不堪一击的，因此我们的工作当中那些全凭"逻辑思维能力"即可完成的工作，大都很快会被AI取代。

6. "百事通""学识渊博"这些夸人的词语将埋入故纸堆

AI的第三个强项是什么呢？

答案就是"庞大的记忆力与检索能力"。

从"数据库""知识库"这些词语中不难看出,计算机可以储存海量的数据和知识,并能迅速将其调出。计算机在这方面比起人类而言,具有压倒性的优势。

正如"World Wide Web"这个词语所体现出的那样,互联网革命使得网络世界成为了一个记录全世界信息和知识的"超级档案馆",而现在的高速检索技术,瞬间就能从全世界的信息和知识中找到所需要的东西。并且,随着自动翻译技术的成熟,不管是用哪个国家的哪种语言所记录的信息和知识都能被迅速地翻译成所需要的语言,然后调取出来。

那么这又将导致什么结果呢?

结果就是,会使得"知识"失去价值。

笔者这么一说,有的读者可能会吃惊。但这就是现实。

在笔者年轻的时候,"百事通""学识渊博""博闻强识"等词语还是夸奖人的话。

有些人通过平日的读书和学习,记住了许多知识,每逢开会等场合显露出来一些,便引得旁人称赞"真是个百事通""知识渊博"。

然而,到了现在人手一部智能手机的时代,开会的时候,如果需要了解一些专业知识,马上就有年轻职员拿出手中的智能手机开始检索,然后告诉大家关于刚才的问题,网上是怎么说的。

也就是说,现在任何人都可以通过智能手机和电脑迅速检索到全世界的知识。一个人如果只是记住了很多专业知识,将不再受到大家的称赞。这也导致像"百事通""学识渊博""博闻强识"这些夸奖人的词语将被埋入故纸堆。

销售的工作亦是如此。以前,公司里优秀的老员工,对于产品的专业知识都记得很牢固,每当顾客咨询的时候,都能凭借记忆对答如流。然而,现在由于平板电脑等移动终端的普及,在给顾客做产品介绍的时候,即使新人也能做得很好。

"知识社会"原本是在信息革命的进程中诞生出来的,然而从某种意义上来说,"知识社会"并非"知识越来越重要的社会",而是"知识失去价值的社会"。因此,在今后的时代,"牢记专业知识"将不再是一项重要的人才价值。

而在这股信息洪流中,AI 还有更强悍的能力。

那就是进行"模糊检索""类推检索""相关检索"的能力。

也就是说,在检索的时候,即使我们输入的词语不够准确,AI也可以通过与我们的对话中获得较为模糊的信息,来类推我们需要的知识,从而检索相关的知识。

打个通俗的比方,AI 就像一个理解能力非常强的秘书。

实际上,现在像智能音箱这样的信息终端正在迅速普及中,不久的将来,无论是在职场上还是在家庭中,它们将成为理解力极强的完美秘书或者完美管家。

在 2013 年上映的科幻电影 Her 中,AI 已经起到了一个能干的秘书的作用。电影的男主人公是一个信件代写人,AI 则帮他整理书信、编辑作品、寄给出版社。"科幻电影"绝不等同于"空想电影",它所描述的这些场面很快将成为现实。

因此,在今后的时代,我们所具备的学习能力当中的另一项——"学习知识的能力",以及由此而掌握的"专业知识技能",都将被更高水平的 AI 碾压和取代。

7. 行家里手的"直觉"也将被 AI 打败

到现在为止,我们讲了 AI 的"三个强项",理解了这三个强项,也就能理解,在用到"专注力"和"持续力"以及"逻辑思维能力"和"学习知识的能力"方面的大部分工作都将被 AI 替代。看到这里,读者们应该有强烈的危机感了吧!

然而如上所述,还只是未来故事的序章。

为什么这么说呢?因为连人类拥有的高级能力,AI 也将凌驾于上。

这项能力可以称之为 AI 的"第四个强项"。

它就是"分析能力"与"直觉能力"。

总部设于美国的巴特尔纪念研究所是世界上最大的科研机构。笔者曾于 1987 年以客座研究员的身份在此工作。当时正赶上 AI 技术的第二次高潮。

因此,笔者也参与了运用 AI 技术的项目的策划,彼时的 AI 还处在"推理引擎"的技术阶段,还远远达不到人类能力的高度。在"逻辑思维能力"方面,还有很多地方不及人类,至于"直觉判断力"更是完全没法跟人类相比。

然而,过了三十多年之后,AI 技术急剧发展,到现在,不止是"逻辑思维能力",连人类的"直觉判断力"也将逐渐被 AI 打败。

这个背后是"深度学习"(deep learning)技术的应用。目前,AI 将"深度学习"技术与"大数据"技术(处理大量数据的技术)相结合,便拥有了与人类的"直觉判断"相当的能力。

比如美国已经在做这样的事情。通过 AI 对某地区过往犯罪数据的分析与学习,预测未来某日某时可能发生犯罪的场所。警察根据 AI 的预测和指示对这些场所进行巡逻,防止犯罪事件发生。

日本也已经在使用 AI。比如通过 AI 对过去道路交通信息和顾客动向的分析与学习,告知出租车司机在某一天某个时间去某条路上能更大概率地载到乘客。

以前,老警察和老出租车司机凭借多年的经验,在工作中会有一些"直觉"。而通过上述两个例子我们了解到,现在的 AI 已经可以通过"大数据"与"深度学习"技术发挥"直觉判断力"。

如此一来,我们也明白了,AI 在国际象棋、传统象棋、围棋上打败人类,还只不过是 AI 革命刚刚开始的序章。

人类经过长年积累而获得的"直觉能力",也将被 AI 替代。新时代的帷幕将从这里正式拉开。

今后,包括公司里的人事评价和产品开发、政府里的政策立案和预算分配等在内的人类所能做的各种专业性强的工作,也都将被 AI 代替吧。

到那时,我们人类该去掌握和修炼怎样的能力呢?这个问题值得现在所有的职场人士思考。

8. 在"成本竞争"中,人类对 AI 也绝无胜算

看到这里,相信读者们已经充分理解了上述事实。我们再来总结一下。

在本章开头我们提到过,知识型工作中需要如下五项能力。

第一,基本能力(专注力和持续力)。

第二,学习能力(逻辑思维能力和学习知识的能力)。

第三,职业能力(直觉判断力和智慧的获取能力)。

第四,人际交往能力(交流能力和接待客人的能力)。

第五,组织能力(管理能力和领导能力)。

然而在这五项能力中的"基本能力"和"学习能力"方面,AI 拥有压倒性的优势,今后用到这几项能力的工作,将很快被 AI 取代。甚至于用到"职业能力"中最重要的"直觉判断力"这一能力的工作,也将有很大一部分会被 AI 替代。

在这些能力方面,人一旦跟 AI 同台竞技就必输无疑。无限的专注力与持续力、超高速的逻辑思维能力、庞大的知识学习能力,这其中的任何一项都是人类完全无法跟 AI 匹敌的。

进而,随着 AI 的量产、成本急剧下降,从"成本竞争"这个角度考虑,人类也比不过 AI。

而这将是造成大规模的"AI 失业"(在人工智能时代失业)的原因之一。

因为，当可以代替人类的 AI 技术出现在市场上的时候，无论从"能力"的角度考虑，还是从"成本"的角度考虑，企业一旦做出 AI 更合适的判断，就会引入 AI，从而导致许多人失去工作。

而我们置身于这样的状况下，却不能期待所属企业负担教育成本，重新对员工进行培训，使员工成为"无法被 AI 替代的、具有极强能力的人才"。因为，在现在的资本主义社会里，不解雇员工、愿意投入成本对员工进行培训的良心企业会在市场的"成本竞争"中败北。这是非常令人遗憾的事情。

对于现在的资本主义现状，笔者一贯持批判态度，并通过《看不见的资本主义》(东洋经济新报社出版)等著作，描述过资本主义的理想形态。可惜，无论我们如何批判资本主义的现状，纵然在理想的资本主义形态下，解雇员工、引入 AI 仍然是"资本的逻辑"。我们应当正视这一现实。

顺便提一下，在关于 AI 革命的讨论中有一种这样的乌托邦式的论调："AI 一旦在世界上普及开来，人们就可以不用工作了，可以依靠政府发放的 BI(Basic Income，基本收入)来生活。"对于这一论调，我们要明白，只要资本主义仍然像现在这样允许贫富差距扩大、抛弃弱者，那么所谓的"理想国"绝不会降临。

因为，只要资本主义仍在要求企业收益最大化，企业就不能容忍将这些收益的大部分作为税金缴纳、使之成为 BI 的财源。它们将激烈反对引入这一制度。这一点我们从企业一贯反对提高税收的态度中即可明白。

所以，很遗憾，在未来，企业并不会投入成本对员工重新培训，从"AI 失业"中拯救员工。

因此,当我们看清楚了"资本的逻辑",明白了现在的资本主义对企业的所求,就不会再抱有任何幻想,而会有所觉悟。

自己将自己培训成一个无法被 AI 取代的"具有极强能力的人才"。

我们要坚定这个觉悟。

9. 无论是需要资格证书的工作,还是公司里的知识型工作,都将被淘汰

重要的事情多说一遍。

在本章的开头,笔者举了东京注册税务师协会有危机感的例子,并提到了今后由于 AI 革命,需要资格证书的行业中的相当一部分工作将被 AI 替代。

原因在于现在这些需要资格证书的行业,其工作中的很大一部分内容是涉及"专业知识"和"逻辑思维能力"的。

因此,当在使用专业知识和发挥逻辑思维能力方面具有压倒性优势的 AI 一旦普及开来,这些行业中的一半岗位将被淘汰的说法毫不夸张。

东京注册税务师协会的危机感正在于此。

不过,看到这里的读者应该也已经明白,随着 AI 的普及,被淘汰的并非仅限于需要资格证书的工作。

AI 革命的风暴即将到来。

无论是大企业里的岗位,还是政府里的岗位,如果只是用到专业知识和逻辑思维能力的工作,那么这些工作中的大部分迟早会由 AI 来处理,这些岗位则会逐渐消失。

那么在需要资格证书的行业和公司里的知识型工作中,不会被 AI 革命淘汰的有哪些呢? 不会被 AI 革命淘汰的"具有极强能力的人才"又是什么样的呢?

答案是很清晰的。

首先,在前面所述的"五项能力"中,只运用到前两项能力的工作和人才,大部分会被淘汰。

这两项能力分别是:

第一,基本能力(专注力和持续力)。

第二,学习能力(逻辑思维能力和学习知识的能力)。

而相反的,运用到后三项能力的工作和人才,因为那些能力是 AI 很难替换的,因此将在今后的 AI 革命时代中存活下去。不,不止是存活。如果将这三项能力锻炼好的话,在今后的时代,这些人才将拥有更好的发展前景。

这三项能力分别是:

第三,职业能力(直觉判断力和智慧的获取能力)。

第四,人际交往能力(交流能力和接待客人的能力)。

第五,组织能力(管理能力和领导能力)。

那么,拥有这三项能力的人才是怎样的人才呢?

不妨参考以下这样的人才。

第一，经过长年的实战检验、能提供高度专业技能的人才。

第二，懂得顾客心理、能为顾客提供贴心细致服务的人才。

第三，能培养和管理上述优秀人才的人才。

这个标准并非笔者一个人的观点，国外许多探讨 AI 革命的专家们也持同样的观点。

那么，接下来我们就来看看世界上的专家们，对于 AI 革命中什么样的工作和人才会被淘汰、什么样的工作和人才会越来越吃香，都是怎么说的？

10. 专家告诉我们"AI 失业"的危机，却不告诉我们如何面对

其实，关于这个话题的讨论已经很多年都出现在每年举行的包括世界各国总统、首相在内的政界、商界、学界领袖齐聚的"达沃斯会议"上。

"达沃斯会议"的主办方——世界经济论坛，创立了一个全球议程委员会（Global Agenda Council），笔者长年作为该委员会的会员，对此论题也一直都很感兴趣。

通过这些年的讨论，世界上的大多数专家就"AI 无法代替的能力"，共同指出了如下三项。

第一，"创造性"（creativity）。

第二，"接待客人的能力"（hospitality）。

第三，"管理能力"（management）。

　　世界上的大多数专家都认为这三项能力是只有人类能发挥出来的能力，即使在 AI 革命的时代，也是要求之于人类的能力。

　　这与笔者认为在 AI 革命时代里非常重要的三项能力是一致的。

　　因为专家们所说的这三项能力已经包含在本书所说的"职业能力""人际交往能力"和"组织能力"当中。

　　首先，"创造性"（creativity）是基于直觉判断力而产生的，包含在本书提到的"职业能力"当中。

　　其次，"接待客人的能力"（hospitality）的背后仍然是基于观察能力和想象力的交流能力，包含在本书所说的"人际交往能力"当中。

　　最后，"管理能力"（management）是建立在人际关系能力和人格魅力之上的运营一个组织或团队的能力，包含在本书所说的"组织能力"当中。

　　因此，世界上的大多数专家们所指出的这三项能力，都已经包含在本书所说的"职业能力""人际交往能力"和"组织能力"当中。不可否认，在今后的 AI 革命时代，拥有"创造性"（creativity）、"接待客人的能力"（hospitality）、"管理能力"（management）这三项能力，将是一个极为有利的条件。

　　然而，尽管未来学家、社会学家、经济学家和信息科学家等专家们都在强调"创造性"（creativity）、"接待客人的能力"（hospitality）、"管理能力"（management）这三项能力的重要性，关于如何学习和掌握这三项能力却不曾提及。这是十分令人遗憾的。

当然,从某种意义上来说,也是能够理解的。

未来学家、社会学家、经济学家和信息科学家等专家们,对于社会的各种变化,能够从宏观的视角进行观察、考量、分析、预测,展示出他们敏锐的洞察力和高明的见解。但是大多数时候,他们自身并没有实际从事管理或工作的经验,对于职场上的人们该掌握什么样的能力、如何去学习和修炼这些能力,无法给出具体意见。

11. 如何修炼自己的"三项能力"

那么我们到底该如何修炼"职业能力""人际交往能力"和"组织能力"这三项能力呢?

首先第一项"创造性"(creativity)该如何掌握呢?

专家们说:"在 AI 时代只有掌握了创造性才不会被 AI 取代。"话是没错,但对于现实社会里在职场上工作的人而言,知识型工作中所需要的"创造性"到底是一个什么东西,如何去掌握它,才是生死存亡之关键。

要打通这一关,我们先需要考虑如下三个问题:

第一,对于在现实社会中工作的人们而言,"创造性"究竟是什么?

第二,要发挥"创造性",需要什么样的能力?

第三,如何在日常的工作中掌握这项能力?

我们将在本书的第 3 章来考虑这三个问题,并对如何学习和锻炼知识型工作中所需要的"创造性"展开详细叙述。

除了"创造性"之外,我们还将广泛地探讨其他的"职业能力"该如何锻炼。

接下来看第二项"接待客人的能力"(hospitality)该如何掌握。

这个词语,从职业类别来说,一般涉及服务业。确实,这项能力的基本功仍在于能够细腻地感受顾客心理、给予顾客贴心关怀的"交际能力"。其实,在今后的 AI 时代,不只是服务业,所有的行业都需要极高的"交际能力"。

而掌握这项"接待客人的能力",也需要考虑如下的三个问题:

第一,在现实社会中工作的人所需要的"交际能力"究竟是什么?

第二,"交际能力"中的最核心的部分又是什么?

第三,如何掌握高超的"交际能力"?

我们将在本书的第 4 章来考虑这三个问题,并对如何学习和锻炼"交际能力"、进而锻炼"接待客户的能力"和"人际交往能力"展开详细叙述。

最后来看第三项"管理能力"(management)该如何掌握。

这个词语,从岗位类别来说,一般涉及管理岗位。不过,在今后的 AI 时代,"管理能力"这个概念,以及它背后的"领导能力"这个概念,都将变得更加成熟。

要掌握这项"管理能力"(management),也需要考虑如下三点。

第一，"管理能力"的概念，将产生怎样的变化？

第二，"领导能力"的概念，将产生怎样的变化？

第三，这样的"管理能力"和"领导能力"，该如何掌握？

我们将在本书的第五章来考虑这三个问题，对在高度知识社会中如何学习和修炼"管理能力"和"领导能力"，进而修炼"组织能力"展开详细叙述。

12. 雇主不会帮助我们开发能力

在公司里工作的读者可能又会发出这样的疑问："难道不应该是公司来进行培训，帮助我们开发这些能力吗？"

这样的事情确实有过。38 年前，笔者刚刚踏入社会、进入公司工作的时候，所属公司曾为员工进行培训，帮助员工掌握符合时代需要的能力。

而笔者在进入公司后被分配至销售岗位，花了数年时间掌握了一个专业销售应该具备的"职业能力"；同时通过与顾客打交道，修炼了"人际交往能力"；最后作为部门领导，掌握了基本的"组织能力"。

后来笔者从这个公司跳槽到研究所的时候，便是很好地利用了这"三项能力"，拓宽了事业。

然而可惜的是，前面也已经提到过，现在的企业，即使是大公司，在日益激烈的市场竞争中已经无暇顾及员工培训的事情。在追逐短期利益的金融资本主义压力下,企业已经没有能力花费精力与时间,饱含爱意与热情地去培养员工了。

因此,今后我们不能再对所属企业有任何依赖和期待心理,而必须自力更生,学习和修炼这"三项能力",战胜 AI 革命的风暴。

人们常说"危机"就是"机遇","危机"一词里包含着"危险"和"机会"两个相对的意义。

因此,如果读者们能够正视迎面而来的残酷的 AI 革命风暴,下定决心去战胜它,让自己不断成长,那就必定能穿越这场风暴,在今后的舞台上获得一席之地。

13. 在"AI 革命"中被淘汰的都是一些令人意外的人才

在这里笔者也大胆地作一个残酷的预测。

在今后的 AI 革命风暴中,被淘汰的可能性最高的人,是一些令人意外的人才。

到底是哪些人才呢?

答案是"高学历人才"。

这么一说可能会有读者感到惊讶。当 AI 革命风暴席卷而来的时候,那些曾对这场风暴持乐观态度、没有去掌握必要的能力、最后被淘汰的可能性最高的人,恰恰是那些毕业于重点大学、名牌大学的"高学历"优秀人才。

为什么会发生这样的情况呢?

因为，在日本现行的教育制度下诞生出来的"高学历"人才，他们的"优点"正是接下来急速发展的 AI 可以取代掉的"优点"。

而那些 AI 无法取代的能力，却并非这些"高学历"人才所擅长。

在接下来的第二章中，笔者将以"越是高学历的优秀人才越容易被 AI 打败"为主题来阐述这个事情。

如果读者对这个话题不感兴趣，可以跳过第二章，直接去看第三章。

从第三章到第五章，笔者将分别讲述如何学习"职业能力""人际交往能力"和"组织能力"，并将这三项能力修炼到出类拔萃。

急性子的读者不妨跳过第二章，直接从第三章开始继续阅读。

"学历社会"正在崩塌

越是"高学历"的优秀人才越容易被 AI 打败。

1. 为什么高学历的"成功人才"越来越少?

在今后的时代,越是"高学历"的优秀人才越容易被 AI 打败。

笔者这么一说,估计不少读者会感到惊讶,并且怀疑。然而遗憾的是,这将成为事实。

原因很明确,有如下三点。

第一,日本"高学历"人才的所谓优点,主要体现在"基本能力"和"学习能力"方面的优秀。而这两项能力也正是 AI 最能发挥优势的地方。仅凭这两项能力工作的人才,无论有多么高的学历,早晚会被 AI 取代。

第二,无论多么"高学历"的人才,如果自满于"基本能力"和"学习能力"方面的优点,而不去将"职业能力""人际交往能力"和"组织能力"中的任何一项修炼到非常高的水平,那么这样的人才,迟早会被 AI 淘汰。

第三,在日本现行的教育制度下诞生出来的"高学历"人才,大多在应试教育上花费了太多时间,在初中、高中的教育阶段很少有机会接触这"三项能力",从而导致在重新学习这"三项能力"时呈现出不太擅长的倾向。同时,当这些"高学历"人才发现自己不善于学习这"三项能力"的时候,又会在无意识中逃回"基本能力"和"学习能力"等自身擅长的领域,从心理上产生抗拒,不愿意去辛辛苦苦地修炼这"三项能力"。

因此,伴随着今后 AI 革命的进展,因为它无法提供不被 AI 淘汰的人才,具体而言即无法提供具备如上"三项能力"的、不被 AI 淘汰的人才,建立在我国现行教育制度土壤上的"学历社会",早晚要崩塌。

事实上,我国的"学历社会"已经开始在崩塌了。

2. "有用之才"与"成功人才"完全不同

除了一部分学术界和政界之外，在以民间企业为中心的当下社会里，日本的"学历社会"已经开始崩塌了。这么说来，读者们可能会震惊。

对于笔者这一观点，读者们可能会有两种截然不同的反应。

一种反应是"不可能。从重点大学、名牌大学毕业的高学历人才，在找工作和换工作的时候还是很有优势的"。

另一种反应则是"确实如此。看看职场就知道了，高学历的人未必能做好工作。"

这两种声音，哪一种是正确的呢？

其实两种都是正确的。

那为什么会出现两种看似矛盾的声音呢？

其实是因为我们向来把如下两个词语混为一谈：

"有用之才"与"成功人才"。

这两个词语，在各种谈论人才的书籍和杂志中，屡屡被混为一谈，其实这两个词语的意思完全不同。

首先，"有用之才"，从字面上就能看出来，是在人才市场上有需求的、可以找到工作的人才。

而"成功人才"，是在企业、组织、职场、工作上能发挥出领导能力的人才。

从现实社会的实际情况来看,高学历的人才能成为"有用之才",却很难成为"成功人才"。

换句话说,高学历的人才在去某个企业、组织就业或者跳槽的时候很有优势,但是在就业或者跳槽成功之后,能否在该企业、组织、职场、工作上发挥出领导能力就无法保证了。

这就是残酷的现实。

事实上,作为高学历者,一般会被大家认为"一定是一个优秀的人才",在找工作或者跳槽的时候会比较顺利,但是一旦真正开始在职场上工作后,他们中的很多人都无法满足来自周围的期待。

有些读者正是因为在身边见过这种在事业上不成功的高学历者,所以才会说出"看看职场上就知道了,高学历的人未必能做好工作"之类的话。

当然,过去乃至现在也一样,在许多职场的角落里,总能听到窃窃私语的议论。

"他还是××大学毕业的呢。"

"别看她那个样子,可是××大学毕业的呢。"

这些议论,也不知是对高学历者的惋惜还是批判。

3. 高学历人才容易陷入的"三种状况"

许多读者应该在身边的职场上见到过,高学历者很容易陷入如下"三种状况"。

第一种状况,周围都期待高学历者能有一些"创造性的想法",然而他们无法满足这种期待。

第二种状况,高学历者的脑子反应快,知识也很丰富,能言善辩,但是跟周围同事的关系并不融洽。

第三种状况,高学历者即使担任了部门经理或其他需要管理下属的岗位,也很难发挥出领导能力。

实际上,笔者本人曾长年居于管理岗位,也自己开公司当过老板,见识过各种各样的人才,对于陷入这"三种状况"的高学历人才,能回想起很多例子。

比如在公司的企划会议上,高学历人才能说出很多专业知识,条理也很清楚,但是对于新产品的设计却拿不出有创意的方案,而这才是企划会议最重要的目的。这样的高学历人才不在少数。

并且,高学历者在平时的发言中也有一种高高在上的态度,不太顾及女同事的感受。这就导致当他们第二天要开重要会议时,前一天却得不到女同事的帮助,不得不一个人工作到半夜去做大量复印资料等的准备工作。

另外,作为管理者或者领导者,经常要主持会议。但是会议上一旦发生意见分歧,高学历者往往不能巧妙地协调这些意见,使会议结果达成一致。还有一些高学历者在面对重大事项时优柔寡断,不能扛起责任去作决定,因而无法让与会者信服。

当然,这些情况,即使不是高学历人才也常常遇到,但正因为高学历人才承担了周围人过高的期待,一旦出现这些情况,就更容易招来失望和批评。

那么高学历人才究竟缺少哪些能力呢？

相信许多读者已经注意到了，这些高学历人才所缺少的，正是我们在第一章中提到的"知识型职场需要的五项能力"中的后三项能力。

五项能力如下：

第一，基本能力（专注力和持续力）。

第二，学习能力（逻辑思维能力和学习知识的能力）。

第三，职业能力（直觉判断力和智慧的获取能力）。

第四，人际交往能力（交流能力和接待客人的能力）。

第五，组织能力（管理能力和领导能力）。

后三项能力即"职业能力""人际交往能力"和"组织能力"。

前两项能力——"基本能力"和"学习能力"就不用说了，高学历人才在这两项能力上的高水平是毋庸置疑的。

能考上重点大学、名牌大学，说明他们经受住了日复一日的残酷的应试教育的考验，也意味着他们在知识型工作上同样能发挥出高水平的"专注力"和"持续力"。

同时，能从艰难的升学考试中脱颖而出，也意味着他们具备优秀的"逻辑思维能力"和"学习知识的能力"。

通常来说，优秀的"逻辑思维能力"，可以使人在物理和数学考试中获得较高的分数。优秀的"学习知识的能力"，可以使人在日本历史、世界历史、生物、化学、英语等的考试中取得较高的分数。因此如果这两项能力优秀的话，考试分数自然就高，也就能考上好大学。这就是我们现在的升学考试模式。

当然,高考制度也在寻求改革,现在也出现了 AO 招生（Admissions Office：日本大学的一种自主招生模式）和保送升学等途径,考察学生在"逻辑思维能力"和"学习知识的能力"之外的其他能力。但令人遗憾的是,高考的主流模式还是没有大的变化。

4. 成功的高学历者,并非由于"高学历"而成功

理解了这一点,也就能理解刚才举例的那些高学历人才为什么无法成功了。

因为他们虽然在"基本能力"和"学习能力"方面表现"优秀",在如下"三项能力"方面却表现得不尽如人意。

这三项能力分别是：

第一,包含创新能力和策划能力等在内的"职业能力"。

第二,善于协调人际关系的"人际交往能力"。

第三,能将团队凝聚起来的"组织能力"。

从某种意义上来说,他们在这些方面不够优秀也是情有可原的。

因为这"三项能力"绝不是高考教育和大学教育能教会的能力。也不是通过看书、上网、听课和听讲座就能掌握的能力。它一定是通过实际的工作经验、人际交往经验、组织管理经验才能掌握的能力。

不过笔者这么一说,读者可能会在心里犯嘀咕,"高学历者当

中也有在职场上成功的人呀"。

没错。比如从东京大学、京都大学以及其他名牌大学毕业的高学历者中,也有一些在职场上非常成功的人。其数目也绝不在少数。

然而这些人并不是因为"高学历"才成功的。并不是因为会学习、考试分数高才成功的。而是因为他们在此前的高中生活和大学生活中就已经掌握了社会上所需的"职业能力""人际交往能力"和"组织能力"。

比如在高中和大学时代,通过兴趣小组活动锻炼和积累了策划经验,通过在商店打工积累了与顾客打交道的经验,通过在体育社团做队长积累了组织管理经验。

或者即使在高中和大学时代没有积累这些经验的机会,在踏入社会之后,他们也能通过现实生活中的经验和平日工作的锻炼掌握这些能力。

无论如何,这些能力是无法仅仅通过在高中或大学阶段多读书、认真听课、认真听讲座就能掌握的。

5. 高学历者如果不能将"优秀"贯彻到其他领域,则难免被淘汰

为什么最近这些年高学历者中的"成功人才"越来越少了呢?

一个原因是近年来高考竞争愈发激烈,学生们为了考上重点

大学、名牌大学,初中阶段和高中阶段的大部分课外时间都宅在家里或者泡在补习班里学习,很少有时间参加兴趣小组活动、社团活动,也很难去打工、参加社区活动,没有机会去积累学习以外的各种经验。因此也就无法锻炼现实社会中需要的"职业能力""人际交往能力"和"组织能力"。

笔者回顾自己的人生历程,发现在笔者踏入社会时真正对自己有用的,不是大学时代通过上课或者看书学习到的知识,而是高中和大学时代在体育社团的团队活动中积累的人际交往经验,以及在高中的班级活动和大学的学生会活动中积累的管理经验。

在这里,我们有必要先了解一下日本现在的"学历社会",培养的到底是什么样的人才。这能帮助我们更清楚地看清现实。

一言以蔽之,日本的"学历社会"培养的是"会学习的人才""有一张好文凭的人才"。

然而不同于往昔的工业社会,我们现在处于一个高度知识化的社会,在这个社会里,"会学习"和"会工作"是两种完全不同的能力。"学历"上的优秀,与工作上的优秀完全是两回事。

因此,高学历者无法在现实社会中取得成功,是因为他们无法将"优秀"贯彻到其他领域,即无法从"学历上的优秀"转换到"工作上的优秀"。

在这里笔者要再啰嗦一遍了,无论是怎样"高学历"的人才,如果不学习和锻炼"职业能力""人际交往能力"和"组织能力"这三项能力,就无法在现实社会中取得成功。

不过即使如此,现在社会上仍然顽固地存在着强烈的"学历幻想"。

即一种"只要拥有了高学历,就能在社会上成功"的幻想。

"东大神话"就是这种幻想的典型代表。

6. "学历幻想"与"东大神话"至今难以幻灭

最近在电视上看到一个综艺节目,是以"东大神话"为背景的。

它是一个益智抢答节目,有东京大学的在校生和一些有名的学者、艺人参与。

在这个节目中,东大学生在各个方面都展现出了渊博的知识储备,连一些冷僻的地理和历史知识也能马上想起来。一些涉及逻辑推理能力的难题,也能迅速做出回答。

看到这样的东大学生,无论是跟他一起参加节目的学者和艺人,还是电视机前的观众,都会从心底由衷地赞叹:"不愧是东大学生,真聪明!"

当然,电视节目就是为了追求观众的这种反应而制作的。笔者作为一名观众,也如电视台所愿,佩服于东大学生"渊博的知识学习能力"和"快速的逻辑推理能力"。

然而同时,作为一名长年在现实社会中摸爬滚打的人,对于这种助长"东大神话"的行为,心里难免有些抵触。

因为,即使是收获了这么多"聪明""优秀"之类夸奖的东大学生,当他们大学毕业踏上社会之后,是否能成功也完全是个未知数。

笔者对此深有体会。

事实上,笔者见过许多这样的"聪明的东大学生"和"优秀的高学历者",见过他们从高中到大学、再到参加工作、直至退休的人生历程。

笔者自认为在高中时代和大学时代并没有多么优秀,只不过正好也走过了这样一条升学之路。

笔者于 1970 年从东京教育大学附属高中(现筑波大学附属高中)毕业,同年考入东京大学理科Ⅰ类,在工学院获得本科学位,之后继续读研拿到博士学位。

这个高中,在当时有三分之一的学生能考入东京大学,是名副其实的名校。而笔者在高一刚开学后,就被震撼到了。

有一天课间休息的时候,笔者无意间看见教室的一角,有两个同学在黑板前讨论问题。走到黑板前一看,他们在讨论数学问题。然而令笔者震惊的是,那不是高中的数学问题,而是大学的数学问题。

他们在高一的时候就已经把高中阶段的数学(当时分成数学Ⅰ、数学Ⅱ、数学Ⅲ)学完了,在讨论的是大学的高等数学(具体来说是伽罗瓦理论)。听到他们讨论的那一瞬间,笔者对自己的数学学习感到了深深的绝望,这种绝望感至今记忆犹新。

另外还有一个同学,有一天在休息的时候拿出来一本厚厚的世界史参考书(不是薄薄的教科书)放到笔者手上,说:"你随便翻哪一页的哪件事情来考我吧!"

于是笔者就从某一页的角落里找到一张欧洲王朝的复杂的家谱图,从中挑了一个最不惹人注目的名字去考这个同学。笔者认为这种地方是不可能注意到、不可能记得住的。然而笔者话音刚落,同学马上就回答出来了。然后再问到其他页的任何细枝末节的信息,皆是如此。这个同学对自己超群的记忆力非常自信,我也对他的这种能力甘拜下风。最后这个同学也轻轻松松通过了东京大学文科Ⅰ类考试,进入了法学院。

然而可惜的是,如此优秀的、拥有令人羡慕的能力(数学代表"逻辑思维能力"、世界史代表"学习知识的能力")的朋友们,在大学毕业、踏入社会之后,却无一不觉得现实社会残酷。

这个残酷的现实就是,无论在学生时期如何善于学习,如何被夸赞"聪明""优秀",仅仅拥有出色的"逻辑思维能力"和"学习知识的能力",是无法在现实社会中获得成功的。

当然,在笔者这一代,拥有出色的"逻辑思维能力"和"学习知识的能力",还可以成为一个"有用之才",在企业里找到工作。

但是,就如同第一章所述,今后要进入社会工作的年轻人,无论在"逻辑思维能力"和"学习知识的能力"方面如何优秀,大多会被 AI 取代。到时候别说"成功人才",就连"有用之才"都难以做到了。

那么,要在现实社会中成为一个"成功人才",应该具备什么样的能力呢?

7. 令许多高学历者碰壁的"人际关系"问题

应该具备的就是笔者反反复复提到的"职业能力""人际交往能力"和"组织能力"。而其实无论这三项能力中的哪一项,有一种能力都是它们的核心组成部分。

那是什么能力呢?

答案是"人际关系能力"。

所谓"人际关系能力"是指在企业或组织里与上司、下属、同事,以及在企业和组织之外与顾客、同行、专家、媒体等一切跟工作有关的人建立良好关系的能力。如果没能掌握这项能力,那么无论在学生时代学习有多好、学历有多高,都无法在现实社会中取得成功。

刚才也提到过,笔者也谈不上学习有多好,但是长年在现实社会中摸爬滚打,深切地感受到了这"三项能力",特别是"人际关系能力"的重要性。在现实社会中如果没有具备"人际关系能力",可以说是寸步难行。这一残酷的现实,笔者有切身的体会。

即使如此,老实说,笔者在上大学的时候也完全不懂"人际关系能力"的重要性。

说一个小插曲。

笔者本科毕业后在医学部的研究室学习了两年,跟随的导师是 Y 教授。

Y 教授善于将艰深的专业知识讲得通俗易懂且有趣,他的课在学生中很有名。他上专业课的时候,有时会停下来和颜悦色地跟学生聊聊天。

有一回他说,"你们就算塞了一肚子专业知识,进入社会后也是用不上的。进入社会后,'人际关系'才是王道。这一点一定要知道"。

当时笔者还没有什么社会经验,听了教授的这些话,心里特别想说:"老师,我觉得还是扎实的专业知识在现实社会中更有用。人际关系之类的,踏入社会之后,该怎么样就会怎么样。所以拜托您别老说这些话了,赶紧回到正题来继续上课吧!"

然而几年之后笔者读完研究生踏入社会,终于深切地感受到了 Y 教授所说的话的重量。

现在回过头来看,学生时代的笔者还很幼稚,然而在走入社会、开始学习处理人际关系的路上,Y 教授的那些话其实一直在心灵深处默默地支持着笔者前行。

在现实社会中最痛切的感受是,无论你在开会时讲述的专业知识多么精彩,说话的条理多么无懈可击,仅凭这些是没办法顺利推进工作的。

要想顺利推进工作,最重要的是争取到与会者的赞同,让他们愿意跟你一起去做这件事。这是笔者在日复一日的工作中最深切的体会。

其实,不管是不是高学历者,要想在现实社会中取得成功,最重要的是必须掌握处理复杂的人际关系的"人际交往能力"。进而在此之上掌握能让一个组织或团队齐心并进的"组织能力",掌握"组织能力"中的"管理能力"和"领导能力"。

8. HR 录用高学历者的"真正原因"

笔者谈了这么多,可能读者还是会说"但是高学历者就是在找工作和跳槽的时候有优势呀"!

诚如斯言。

现在的人才市场上,高学历者去名企找工作或者跳槽的时候更为有利。这是事实。

然而读者们,你们知道企业在进行校园招聘或者社会招聘时录用高学历者的"真正原因"是什么吗?

笔者过去在某银行研究机构工作的时候,曾作为一个部门的部长参与人才招聘的工作,对数百名人才进行审查和面试,与人事部长一起决定人才的录用与否。

那位人事部长说过的一番话给笔者留下了极为深刻的印象。

当时我们在考虑要不要录用一个东大毕业生。

犹豫不决时,人事部长说了这么一番话。

"还行吧。至少底子好,先招来吧。"

这番话说明什么呢?

即使是东大毕业,也并不意味着其"职业能力""人际交往能力"和"组织能力"就会强。因此在公司里能否做出成就,要实际用了才知道。

但是因为有"学习能力"（底子好），交代下去的工作应该还是能做好的。如果没有创造力和领导能力等特别令人期待的能力，至少在有那些能力的人才之下做个下属工作是没问题的。

在公司里即使做不到"管理干部"，做个"优秀的士兵"也是可以的。

通俗地翻译一下，人事部长的意思就是如此。

而抱着同样想法的不仅只有这位人事部长。

现在大企业里的人事部长大都有着同样的考虑。

人事部门在招聘的时候，并未期待所有招来的人将来都能成长为管理者或者重要的领导者。这不是必要的。但是在管理者或者重要的领导者之下老老实实干活儿的"士兵"是必要的。也就是说，即使没有优秀的创造力和领导能力，但是能把交代下来的事情正确而迅速地执行好的、"底子"好的士兵是有必要的。在这一点上，高学历人才，即使不一定有大成就，但是作为一个"底子好的士兵"还是可以的，所以暂且录取了。

大企业的人事部门录用高学历人才的真正原因不外乎此。

将企业比作军队，虽然不是一个很好的比喻，但笔者想说，高学历人才应该意识到"底子"一词和"士兵"一词的可怕之处。

它意味着，现在的 HR，已经没有人认为"高学历人才就一定会有创造力""高学历人才就一定具备领导能力"了。所以现在也没有公司会因为你高学历就许诺你成功。

不过刚才那位人事部长所说的话,"还行吧。至少底子好,先招来吧",对于高学历人才而言仍然是一只援手。

因为,就算无法在公司里做得很成功,有了高学历所代表的"底子好"(学习能力)这一保证,不管怎么说,公司都会先招进来,不至于在社会上失业。

不过,令人遗憾的是,在今后的时代,这样的援手也不会再有了。

从本书第一章看到第二章此处的读者们,应该很能明白笔者的意思。

AI 革命的风暴即将来临,不管是不是高学历者,如果没有掌握出色的"职业能力"或者"人际交往能力"或者"组织能力",其工作都会被 AI 取代。

因此,在今后的时代,靠着"逻辑思维能力"和"学习知识的能力"等"学习能力"工作的人才,即使毕业于东京大学,也会被 AI 取代,被社会抛弃。

如果一直在"高学历"的金字招牌下安于现状,而不去学习和锻炼今后的社会所需要的"职业能力""人际交往能力"和"组织能力",那么不管是多么高学历的人才都将毫无悬念地被淘汰。

而且,这其实与是否高学历已经没有关系了。这个命运会降临到在 AI 时代从事知识型工作的每一个人头上。

明白了这一点,也就明白了我们必须在 AI 革命风暴到来之前，掌握好"三项能力"，并不断打磨。

那么，到底该如何锻炼"职业能力""人际交往能力"和"组织能力"呢？

我们将在接下来的第三章到第五章展开具体叙述。

AI 时代所需要的"职业能力"是什么

> "智慧的获取能力与传授能力"比"学习知识的能力"更
> 重要。

1."职业能力"不仅仅只是专业技术和技巧

笔者在第一章中提到过,在高度知识化的社会,知识型工作需要具备如下五项能力:

第一,基本能力(专注力和持续力)。

第二,学习能力(逻辑思维能力和学习知识的能力)。

第三,职业能力(直觉判断力和智慧的获取能力)。

第四,人际交往能力(交流能力和接待客人的能力)。

第五,组织能力(管理能力和领导能力)。

其中"基本能力"和"学习能力"在今后的 AI 时代大多会被 AI 替代。如果想在今后的社会上取得成功,就必须学习和锻炼"职业能力""人际交往能力"和"组织能力"。

因此,在接下来的三章中我们将逐一讲述如何学习和锻炼"职业能力""人际交往能力"和"组织能力"。

首先来看第一项"职业能力"。

这项能力的本质是一种"经验型智慧",只能通过体验和经历获得,不同于"文献类知识",是难以被 AI 替代的能力。

这项能力也是在现实社会开展工作时不可或缺的一种能力,它包括创造力、策划能力、会议主持能力、演示(presentation)能力、销售能力、交涉能力等。这些能力也被统称为"工作能力"。

也就是说,要在现实社会中把工作做好,这些能力是必需的。而对于这些能力的学习,通常是从技能、技巧、思维、诀窍的学习开始的。

比如"销售技能""开会技巧""创造的思维""策划的诀窍",等等。

不过,如果我们要锻炼这项能力、在较高的水平上掌握这项能力,有一点必须提前知道。

那就是"职业能力"不仅仅是技能和技巧。

"职业能力"实际上是由"技术"和"心法"两种能力组合而成。

其中"技术"层面包括所谓的技能、技巧、思维、诀窍等。而"心法"是意识、心思、精神、个性,是一个职场人士的"精神准备""思想态度""用心之处"。

因此如果我们想掌握"职业能力",首先要从技能、技巧等"技术"层面学起,继而要结合意识和心思等"心法"去锻炼,才能在较高的水平上掌握这项能力。

2. 职场新人练本领的第一个陷阱就是唯技术论

为什么说不仅仅是"技术","心法"也是必要的呢?

举个例子,比如我们要学习"演示(presentation)能力"。

这个时候我们首先要学习如何制作发给听众的材料、如何制作 PPT、如何操作投影仪、演讲时如何配合使用手里的资料,如何面对质疑,发声方法,进度的把握等"技术"层面的东西。这些是演示(presentation)的技术和技巧。

但是,我们学习这些技术和技巧的时候,几乎无可避免地会掉入一个陷阱。

那就是"唯技术论"的陷阱。

比如有的人在顾客面前,能以流畅的话术做演示(presentation),PPT 也做得很好,解释说明也很不错。

但是不知为什么,环顾一圈会场,客户们都听得兴致寡然,对演示中的商品没什么兴趣。

这样一连失败几次,上司和资深的同事会来跟这个员工分析一些原因。

"你的技术是很不错的,但是面对客户的时候总有种高高在上的感觉。所以客户就提不起来兴致。"

"你的演示是很有热情的,但是在客户面前推销的意图表现得太明显了,客户的购买意愿反而就降低了。"

像这样,技术层面是做得不错的,但是内心中那种"暗暗的傲慢感""隐隐的功利主义"流淌出来了,因此也就没法顺利推进工作了。

这种情形,就是"唯技术论"导致的结果。一个人虽然掌握了专业技术,但是仅仅依靠技术,而没有掌握其他重要的东西,往往会失败。

这里所谓"重要的东西"就是指"心法",或者说"精神准备""思想态度""用心之处"。拿刚才做演示(presentation)的例子来说,就是要对客户秉持一种"感谢大家花费宝贵的时间来听我做演示"的感恩之情和认为自己"经验还很浅薄"的谦虚态度。

如上所述,如果我们要在较高水平上掌握"职业能力",就必须在修炼"技术"的同时修炼"心法"。这不仅仅局限于"演示(presentation)能力",其他的创造力和策划能力、会议主持能力和销售能力、交涉能力和项目管理能力等都需要这样去修炼。

3. 看书就能掌握技术和技巧，是不切实际的幻想

而且，要掌握"职业能力"，我们还必须先了解另一个事实。这个事实其实在前面已经说过了，但因为实在是重要，笔者必须再强调一次。

这个事实就是，仅仅通过读书是无法掌握"职业能力"的。

即，"技术"和"心法"这些"职业能力"的本质是一种"经验型智慧"，它只能通过职场实战的经历和体验来获取，而无法通过书本和网络来获得。

然而"职业能力"对于想在工作上取得成功的人而言又是不可或缺的能力，每个职场人士都知道它的重要性，都想尽快掌握。

因此书店里总是摆着各种讲述"专业技术"的书，讲述如何掌握创造力、策划能力、会议主持能力、演示（presentation）能力、销售能力和交涉能力等"××能力"的书。

当然这些也确实是由在各自领域取得了一些成绩的、有实力的专家们所写的书。读者们看了这些书，将书中所说的技术和技巧在职场的实战中反复实践的话，也能多多少少取得一些进步。但是这些书会给读者们带来一个很大的误导。

这个误导就是，让读者相信只需要去看这些书就能掌握"××能力"，看完这本书也就掌握了"××能力"。

实际上，笔者自己也常常这样被误导。

这是很早以前发生的一件事。有一天笔者无意中打开电视，看到电视上正在转播职业棒球比赛。

那天的解说员是落合博满先生，他曾在日本职业棒球联赛上获得过三次三冠王，被誉为棒球界的最强击球员。在那天的比赛中，投手投了一个凌厉的直线球，将对方三振出局。

电视节目主持人看到这个场面后问落合氏："落合先生，对于刚才那种速度极快的直线球，该怎么击打呢？"

对于这个问题，落合氏玄乎其玄地回答说："啊，刚才那个直线球，可以打。那种球因为落地特别快，等它落了地就打不着了。在它落地之前打就行了。"

听他这么一说，笔者在心里很是认可。但是很快，笔者就听出了这番话的可怕之处。

往年听一些厉害的击球手精彩地解说击打的奥妙时，都会不自觉地将自己代入，觉得自己也能打那种球了。

而实际上，当自己真正地站到击球的位置上，以我们这种外行的击球能力，就算使出浑身解数挥舞球棒，估计连球都碰不到。

但是在听到"落地之前打就行了"这么一番话的瞬间，我们仿佛觉得自己已经掌握了击球的诀窍，一下子就陷入了这种错觉。

所以，不仅是笔者，许多想要掌握专业技术和技巧的人，读完一本专家写的书后会很容易陷入错觉，从而被误导。

那么，我们为什么会被误导呢？

4. 你能否准确地区分自己掌握的是"知识"还是"智慧"?

因为我们没有理解"知识"和"智慧"的区别。

实际上有很多人都将这二者混为一谈。而我们如果要掌握"职业能力",搞清楚这二者的区别就是极为重要的事情。其实关于这一点,笔者在前面也已经提及过了,但因为这一点着实重要,所以再多说两句。

在第一章中,笔者就已经提到过,"知识"是"能用语言表达"的东西,能通过书籍和网络学习。因此也可以称之为"文献类知识"。

而相对的,"智慧"是"不能用语言表达"的东西,只有通过经历和体验才能掌握。因此也可以称之为"经验型智慧"。

科学哲学家迈克尔·波兰尼(Michael Polanyi)在《默会认识》一书中将这种"智慧"称之为"默会认识(tacit knowing)"。他说:"我们知道的,比能说出来的更多。"

诚如斯言,我们通过经历和体验,知道了很多东西,只是无法用语言表述出来。这种东西,在日本自古以来被称为"智慧"。

以前面提到的做演示(presentation)为例。

假设我们看了一本关于提高演示(presentation)能力的书,书中写着:"做演示(presentation)的时候,要注意把握节奏。"

如果只是读懂了这段文字,那么充其量不过是将这项演示技术作为"知识"记忆下来,"在脑子里明白了"而已。

只有将这个建议刻在心中,亲身经历多次演示(presentation),慢慢地掌握了"节奏感",才可以称得上将这项演示技术作为"智慧"掌握了。这就叫作"体会",是"用身体领会了"。

综上所述,要想掌握"职业能力",首先必须理解"知识"和"智慧"的不同。

然而令人遗憾的是,越是读书人、或者所谓的"学霸",越容易将这二者混淆。

比如他们通过看书去学习"策划的技术",其实只是将书中所说作为"知识"放进了脑子里,却误以为自己已经掌握了这种"智慧"。

当然,这种事情也绝不仅仅只在他们身上发生。

其实我们大多数人在进入社会之前,在读初中、高中、大学的过程中一直受到这样的教育,所谓"优秀"就是能迅速而准确地记住教科书和参考书中的"知识"。所以当我们进入社会后,大脑仍会作出习惯性的反应,认为记住了"知识"就等于已经掌握了这项重要的东西。

因此,在进入社会后仍然无法摆脱这种习惯性反应的人,在职场上很容易被上司批评"自以为是"。

此外,笔者还常常看到这样的情形,专家来给大家谈技术和心得的时候,有些人会将专家的一字一句丝毫不漏地做笔记记下来。笔者对这样的学习态度很是佩服,但其实对于很多人而言,专家所说的"智慧"在他们这里也仅仅是沦为了纸上记录的"知识"。

这种时候,真正能掌握"智慧"的人,不是那些做笔记的人,而是一边听专家讲解、一边在大脑里回顾和审视自己过去经验的人。

比如当专家讲到演示（presentation）中的"节奏感"时，便回想自己前些天所做的演示有没有这种"节奏感"。这种人才能真正地掌握"智慧"。

不过笔者这么一说，读者可能又会有新的疑问了。

"那些学了知识就以为已经掌握了智慧的人，在实际工作的时候无法顺利地发挥技术和技巧，迟早会碰壁的吧！"

确实如此。而且之后还会有更大的问题。

无法区别"知识"和"智慧"的人，在碰壁之后，又会回归到"知识"方面去找原因。

他们从自己的"知识"中去找失败的原因，而不是从自己的"经验"出发去思考。总是从"知识"方面找借口，"经验"方面的分析就会越来越弱。

实际上，有不少人在看完了某位专家的书、却无法顺利发挥出技能的时候，又转而奔另一位专家去了。

我们接下来要学习"智慧的获取法"，上述这种行为就是学习获取智慧路上的一大障碍。

因此，我们如果想要掌握"职业能力"，就必须清楚地认识到"通过书籍来学习知识"与"通过经验来获取智慧"是截然不同的两码事。

而且这并非仅限于"职业能力"。"人际交往能力"和"组织能力"也是只有通过经历和体验才能掌握的"经验型智慧"。

特别是在今后的时代，能否明确地区分"知识"和"智慧"，将变得更加重要。

因为正如第一章所述，今后如果我们还停留在"学习知识以致用"的阶段，将完全无法与 AI 匹敌。

在今后的时代，比起"能在书本上学到的知识"，我们更应该掌握"只有通过经验才能学到的智慧"。后者的含金量，将决定一个人的存在价值。

5. 全面盘点自己所拥有的"经验型智慧"

在 AI 时代到来之前，现在首先要做的事情，就是全面盘点我们通过亲身经历和体验所掌握的"经验型智慧"。

即，回顾迄今为止的各种工作经历，逐一反思自己掌握了何等程度的"经验型智慧"。

比如假设读者做的是销售类工作，那就从"做产品演示（presentation）时能否把握好节奏感""能否细致地察觉到顾客感受"等具体的角度来一一回顾思考自己所掌握的"经验型智慧"。

如果做的是企划类工作，那就从"企划会议上能否巧妙地引导出团队成员的创意和意见"等具体的角度，来回顾思考自己掌握的"经验型智慧"。

同时在此之上，我们还应该弄清楚自己的"弱点和问题"，有意识地在日常的工作中努力克服这些"弱点和问题"。

有的读者可能会说"这种反思对于职场人士而言不是理所应

当的吗"?

　　确实是的。这样的盘点和为克服问题所做的努力,从某种意义上来说,是每一个想要在专业上精进的人才的"初级课程",是每一个认真的职场人士无意识也好,有意识也罢,都正在做着的事情。

　　关键在于如何迅速地从这门"初级课程"结业,进入"中级课程"。

　　说到这里,掌握"经验型智慧"的"中级课程"又是什么呢?

　　"中级课程"就是掌握"智慧的获取法"。

　　"智慧的获取法"即"获取智慧的智慧",也被称为"高维智慧"。那么这到底是什么样的方法呢?

6. 五分钟的"反思",带来能力上的关键差异

　　学会了"用身体领会智慧的方法",能给职场人士的成长带来很大的不同。

　　因为"职业能力""人际交往能力"和"组织能力"都是只能通过"经验"才能掌握的"智慧"。然而仅凭在职场实战中的许多"经历",并不等于就掌握了"智慧"。

　　实际上我们也看到社会上有许多人,在一门职业中有很丰富的"经历",却并未充分具备该职业所必需的"技术"和"素养"。

　　比如有的人虽然已经在销售岗位做了 10 年以上,但是一旦升

了职、站到指导下属的位置，却无法给下属讲明白销售的技术和心得。

这种人才，大多就是靠着销售手册的指导，工作了一年又一年，自己完全没开动过脑筋。笔者只能评价他们，"经历丰富，职业能力匮乏"。

那么这样的人才又是怎么养成的呢？

其实是因为他们没有把"经历"内化为"经验"。

他们只不过是漫不经心地累积着工作"经历"，而并未从"经历"中抓住"智慧"，将其内化为"经验"。

那么我们究竟该如何去做，才能将"经历"内化为"经验"呢？

那就是通过"反省"。

不过，说到"反省"，有的读者可能会产生误会。

因为很多人会将"反省"与"后悔""忏悔"等行为混淆起来。

笔者所说的"反省"，与对于过去的事情感到遗憾的"后悔"和承认自己过错的"忏悔"，完全不同。

它是为了成长，从工作"经历"中获取"智慧"的一种具体而科学的方法。它不是将工作"经历"仅仅视为过往，搁置在历史里，而是在心中回想那些经历，"追加体验"一番，反思自己从中可以获得一些什么样的"智慧"，获得一些什么样的"技术"或是"心法"。

实际上，当这种"反省"成为一种持续的习惯，我们的职业能力就能实打实地提升很多。而且这种"反省"法，并不费多少时间和精力。

比如在做了一小时的演示（presentation）之后，我们"追加体验"、反思一次并不需要再花一小时。只需要五分钟就可以做一个很有效果的"反省"。只需五分钟，就能将刚才所说的"经历"内化为"经验"，获得工作中的"智慧"，掌握"技术"，形成"心法"。

7. "反省"要趁热打铁

这一小节里先谈两点。

第一点是关于如何进行"反省"。顺序是先做"技术"层面的回顾，然后上升到"心法"层面的反思。

比如以刚才的演示（presentation）为例，我们先从"PPT 的制作""语言的通俗易懂""语言的节奏感""手头资料的内容""提问方式"等"技术"层面来进行回顾反省。

然后再从"对顾客的态度是不是有点高高在上了""推销的感觉是不是太强了""对过于初级的问题是否能耐心解答""有没有着急想要早点结束"等"心法"层面来进行回顾反省。

当我们从"技术"层面转移到"心法"层面反省的过程中，有时会发现"心法"层面上的问题会导致"技术"层面的问题。

比如通过反省发现自己由于时间关系想要早点完成演示，结果演示的节奏感没有把握好。

第二点是关于"反省"的时机。这里有两种方法。

一种方法叫作"第一时间反省交流法"。

具体来说就是在会议、磋商、洽谈、交涉等结束之后的"第一时间",与参加了同一场会议的上司或资深同事、其他同事或下属等,对刚才的会议、磋商、洽谈、交涉等做一个回顾和反省。

比如在洽谈结束回去的路上,在出租车里跟上司做一个如下的交流。

"我刚才做技术说明的时候,有客户一直皱着眉头,是不是我说的太难了?"

"难倒是不难,就是你说得有点快,客户可能来不及反应。"

"原来是这样啊。其实我是因为看到对方经理在不停地看表,所以就想是不是得赶紧完成说明。有点着急,说话也就快了。"

"也是。这种情况下确实有必要缩短说明时间,我很理解你的心情。不过比起加快说话速度,可能把语言简化一下、把要点提炼出来讲会更好一些。"

在会议、磋商、洽谈、交涉等结束之后的"第一时间"进行回顾,对于现场的记忆还非常鲜明,"追加体验"起来十分容易,这就是"第一时间反省交流法"的优点。

而且从刚才这段对话我们也能看出,通过"第一时间反省交流法",还能得到一同参加这场会议、磋商、洽谈、交涉的上司或资深同事、其他同事或下属等来自不同视角的反省交流,能从优秀的上司和资深同事处获得建议。这些都是"第一时间反省交流法"的优点。

那么,另一种方法是什么呢?

那就是"夜间反省日记法"。

8. 职业素养在"夜间"成长

所谓"夜间反省日记法",即,当一天的工作结束,到了晚上一人独处的时候,在脑子里对当天经历过的会议、磋商、洽谈、交涉等工作重新回忆一遍,对自己当时的技术和心法进行反省,并将这种反省用语言记录下来的方法。

只要掌握了这种简单的方法,并将其培养成习惯,我们的职业能力就能稳步提高。

笔者自己就是从上大学的时候开始用日记本写"反省日记",进入社会后也将这个习惯保持了十几年。坚持写"夜间反省日记",大大地提高了笔者的职业素养。

不过对于"第一时间反省交流法"和"夜间反省日记法"两种"反省法",读者的脑子里可能会冒出来如下质朴的疑问。

"不是说经验型智慧不能用语言表达吗?那么在会议、磋商、洽谈、交涉等之后是如何通过语言来获取智慧的呢?另外,如果抛开这两个问题,在反省时语言的使用是不是非常重要?"

确实,通过语言去反省获得"不能用语言表达的智慧",这种行为乍一看似乎矛盾,但实际上,我们通过"第一时间反省交流法"和"夜间反省日记法",努力用语言去表达从经历中学习到的技术和心法,在这个过程中"不能用语言表达的智慧"就自然而然地形成于心中了。

关于此中之奥妙，哲学家维特根斯坦在其著作《逻辑哲学论》中曾说过这样一番话。

"当我们把可说的都说完了以后，就知道哪些是不可说的了。"

诚如斯言。比如我们对刚刚结束的洽谈进行回顾反省的时候，可能会出现这样的对话交流。

"刚才的洽谈，回答客户提问的时候，你呼吸都有些跟不上了。可以先喘口气再去说。"

"我当时着急是因为对方的提问太尖锐了，我一瞬间就心慌了，失去冷静了。"

如此一番交流，原本无法通过语言表达的"先喘口气再去说"的技术，和"不能失去冷静"的心法，就会作为一种清晰的"感觉"从心底升腾起来，被自己的认知抓取。

这就好比从深井中抽水。在抽取井中"表层水"（语言可以表达的东西）的过程中，"深层水"（无法用语言表达的东西）也会自然而然地被吸到跟表层接近的地方来，然后作为感觉被抓获。

反省的方法，从某种意义上来说，就是一种维特根斯坦式的方法。

另外，在使用"反省法"时有一点特别重要，那就是"从哪个视角来做反省"。

比如在某个洽谈进展不顺利的时候，从"材料做得不好"的视角来做反省，和从"做说明的时候没能察觉到客户想法"的视角来做反省，所能获得的智慧是有很大差异的。

从这个意义上来看,通过"第一时间反省交流法",我们不仅要听取经验丰富的优秀上司和资深同事的建议,还要学习到"反省的角度"。

向优秀的专业人士学习,本身就是"智慧的获取法"中与"反省法"同等重要的一种方法。

这种方法姑且可以称之为"偷师法"。

9. 最强的技术和心法只能跟"师父"学

所谓"偷师法",就是在心里将拥有出色能力的人物认定为"师父",观察其工作方式,直接学习他的技术和心法。

其实,在我们修炼职业能力的过程中,有没有这样一个值得"偷师"的师父,是非常重要的。因为仅仅靠积累经验、做一些"反省",对于我们学习技术、领悟心法的帮助还是很有限的。

比如当我们要修炼自己的"会议主持能力"这项职业能力的时候,使用"反省法"对自己主持的会议进行回顾,可以反省自己的技术,获取一些心得。但是仅凭这些很难显著地提升自己的"会议主持能力"。

但是如果我们在身边找到了一个在"会议主持能力"方面极为出色的上司或者资深同事,就可以暗下决心向对方学习"会议主持能力",经常参加该上司或同事主持的会议,细致地观察他开会的技巧、琢磨其心法,然后在自己主持的会议上也去尝试使用这种技巧和心法。

事实上，世界上许多一流的专业人士，不管他身处哪个领域、从事哪种工作，都是在年轻的时候遇到过优秀的"师父"。

从这个意义上来说，我们在平常的工作生活中能否遇到可以称为"师父"的人，能从"师父"身上学到多少智慧，是极为重要的问题。

甚至可以说，我们这种通过与"师父"的接触、向"师父"学习智慧的方法，即"偷师法"，掌握得如何，在我们的成长路上起到决定性的作用。

笔者作为一名专业人士，虽然自己仍在学习修行的路上，但是每年也会收到不少演讲邀请，迄今为止也出了不少书。

然而其实笔者在上大学的时候还不是一个擅长说话的人。写作方面也没有表现得十分突出。

对于笔者而言，读研期间在医学部 Y 教授的研究室学习的两年，教会了笔者许多。

因为 Y 教授既善于说话，又擅长写文章。

因此，在研究室的两年，笔者既学习了专业知识、做了研究，又从教授的讲课风格中学习了话术，从教授出版的书籍中学习了写文章的方法。

教授虽然不曾直接对笔者说要教笔者说话之道、作文之道，不曾给予具体的指导。但是对这样一位说话和做文章方面的专家，笔者仅是通过对他的技术技巧进行细致观察，就已经受益良多。

比如，写文章的时候，用三段论法演绎推理，文章的结尾留下余音,这些方法都值得钻研学习。

而说话的时候,如何把握节奏感,如何暂停主题去说题外话,又如何从题外话回归主题,以及如何穿插笑话来放松一下,也都大有学问。

那么,这位 Y 教授的话术和作文之道是他天生就会的吗?

关于话术,有一回 Y 教授讲了这么一个故事,令笔者深有感触。

K 助手与 Y 教授一起做了很多年的研究,有一天 K 助手问 Y 教授:"Y 老师是从小就很善于说话的吗?"Y 教授回答说:"不是的。其实我在即将升任副教授、承担主要课程的时候,有一段时间去了曲艺馆,观察相声表演艺术家说话。"

果然,连极其会说话的 Y 教授,也曾依靠"偷师"来锻炼话术。他的"偷师"就是近距离地反复听相声表演艺术家说话,学习说话的窍门。

Y 教授是一个非常热爱学生的老师,在学生的成长方面给与了非常严格的指导。在向教授学习和"偷师"的两年间,笔者在说话、写文章方面学习到了很多技巧,有了很多心得,专业知识方面也有了很好的积累。正是因为这些,才有了今天的笔者。

而且,笔者在向 Y 教授学习的过程中掌握的"偷师法",在此后踏入社会进入民企工作之后,也起到了很大的作用。

笔者毕业进入公司后被分配的部门,并非笔者一开始希望进入的研究开发部门,而是对笔者来说完全没有经验的营销企划部门。但是笔者在这里遇见了可以称之为顶级销售的 A 科长。笔者通过"偷师法"从 A 科长身上学习到的销售技术和心法,为笔者此后的人生打开了一扇新的大门。

而且笔者在这个公司里还认识了 A 董事,他后来做了这个公司的总经理。这个 A 董事可以称之为企业战略领域的专家。笔者通过"偷师"A 董事,又学习到了战略思考的精髓。

如上所述,如果我们真的想学习和锻炼"职业能力",就必须掌握"反省法"和"偷师法",并将其付诸于平常的实践。

书店里摆的《如何成为专家》《职场达人的技巧》之类的书,不管看了多少本,如果不持续地、扎实地通过"反省"来学习经验,通过"偷师"来学习他人,那么绝无可能掌握出色的"职业能力"。

10. 从"智慧的获取法"到更高阶的课程——"智慧的传授法"

笔者再来总结一下。在前面几节,我们了解了通过"反省"来学习经验的"反省法",和通过"偷师"来学习他人的"偷师法"。这两种方法是学习专业人士应当具备的技能、技巧、思维、诀窍等"技术"和意识、心思、精神、个性等"心法"的好方法,是"经验型智慧"的"获取法"。

那么,在 AI 时代,为什么"智慧的获取法"如此重要呢?

因为专业人士所拥有的"技术"和"心法"原本就是只能通过经历和体验去获得的"经验型智慧",比起可以通过书籍和文献获得的"文献类知识",不太容易为 AI 替代和淘汰。

但是,在 AI 技术进步的同时,机器人的发展也取得了巨大的进步,我们经过多年的经验积累掌握的"技术",也很有可能被搭载了 AI 的机器人替代。甚至,在我们经过多年学习掌握到的"心法"层面,AI 也可以在一定程度上模拟"待人接物"、模仿我们的礼仪,从而替代我们的一部分工作。

考虑到这些,我们就要明白,在 AI 时代能取得成功的人才,不仅要有专业人士的"技术"和"心法",还要在这种"技术"或"心法"被机器人或者 AI 替代、过时之后,能迅速地在其他新领域掌握专业"技术"和"心法"。

也就是说,这种人才,不仅仅是掌握了"经验型智慧"的人才,还是掌握了"高维智慧"即"智慧的获取法"的人才。

甚至我们可以更进一步地说,在今后的 AI 时代能取得成功的人才,不仅自己掌握了作为专业人士应该具有的"经验型智慧",掌握了"智慧的获取法",还能将这种"经验型智慧"和"智慧的获取法"传授给自己带领的下属和团队成员,使他们也掌握这些能力。这是一种掌握了"智慧的传授法"的人才。

那么,所谓"智慧的传授法"又是一种什么样的方法呢?

其实它也并不是什么特殊的方法。

如果我们掌握了专业人士所具有的"技术"和"心法",那么通过工作等场合,在下属和团队成员面前展示即可。

如果我们掌握了"反省法"和"偷师法",并且一直在实践运用,那就将这些方法直接告诉给自己带领的下属和团队成员即可。

当我们这么做了之后,下属和团队成员就会将我们当作"师父"来学习"技术"和"心法"。他们会通过平时工作中的"反省",掌握到他们认为必要的"技术"和"心法"。

这就是"智慧的传授法"。至此,如果将这种"高维智慧"也包含进去考虑的话,专业人士应当具有的"经验型智慧",可以理解为包括如下三个层面的能力。

第一,"经验型智慧"层面。

作为专业人士应当具有的"技术"和"心法"等能力。

第二,"智慧的获取能力"层面。

当我们需要新的"技术"和"心法"时可以顺利获得这些技能的能力。

第三,"智慧的传授能力"层面。

使下属和团队成员掌握他们需要的"技术"和"心法"的能力。

这三个层面的能力,越往上越难被 AI 替代,这是毋庸讳言的。

11. AI 终将发挥创造力

到现在为止,我们已经讲了"职业能力"的"获取法"和"传授法"。那么作为"职业能力"中最高阶能力之"创造力",又该如何去掌握呢?所谓的"creativity"(创造性),到底该如何才能具备呢?

这个问题应该是每个人都很感兴趣的问题。

不过如果想要拥有"创造力"或者"creativity"(创造性),有一点必须先知道。

　　那就是，在不久的将来，AI 也将具备与我们人类的"创造力"或者"creativity"（创造性）差不多的能力。

　　这是发生在绘画界的事情。2016 年微软公司与荷兰的美术馆合作，让 AI 学习了伦勃朗的 300 多幅画作，然后成功画出了与伦勃朗画风极为相似的绘画。

　　在音乐界也有类似的事情。先让 AI 大量学习迄今为止最流行的歌曲，并判断哪种歌曲在音乐市场上能成功、能引起多高的热度。在此判断力之上再结合 AI 的作曲能力，创作出某种音乐风格中最有可能走红的歌曲、或者此前从未有过的崭新风格的歌曲。

　　AI 甚至还涉及了电影剧本创作领域。比如让 AI 学习过去的各种电影剧本，创作出成功的可能性较高的剧本，或者此前未有过的极为大胆的作品。

　　如此看来，无论是在绘画及其他视觉艺术的领域，或是音乐及其他听觉艺术的领域，或是小说及剧本创作等的领域，AI 都已经在一定程度上发挥了"创造力"。

　　因此，我们必须明白，在这个世界上，即使是充满创造性的工作，其相当一部分也将被 AI 替代。

　　那么我们该怎么办呢？

　　当然，如果我们拥有超凡的"创造力"，比如有绘画界的毕加索、音乐界的莫扎特、科学界的爱因斯坦等天才般水准的"创造力"，那自然无须担心。

　　或者作为一个很有独创性的技术人员，创造了划时代的技术；作为一个世界顶级的设计师，创造了颠覆性的设计，那也没有问题。

如果一个人才,有如上水平的创造力,那么不仅是在 AI 时代,在任何时代都必定拥有一席之地。

但是拥有如此才能的人才,毕竟世间稀少。因此本书也无需从这个角度来展开讨论。

那么,在今后的时代,我们所需要的"创造力"究竟是一种怎样的能力呢? 不会被 AI 所取代和淘汰的"创造力"究竟是一种怎样的能力呢?

12. "不能将创意落地的人"在现实社会中没有价值

其实,在今后的时代,所谓"不会被 AI 取代和淘汰的创造力",可以用如下语言来描述。

"在自己的专业领域有崭新的创意,并能在自己所属的团队中将创意落地实现。"

看到这里,有的读者可能会觉得"这没什么特别的呀"! 其实这里的关键之处在于"落地实现"这一部分。

也就是说,现实社会中需要的"创造力",包含"落地实现"的能力。

许多读者在职场上一定有过这样的经历吧。

比如在职场上,关于顾客服务,某个员工想出了一个新的服务方法。但如果仅仅只是提出这个想法,在口头上说说,还不能将这个员工称之为拥有"创造力"的人才。

只有在这个员工将他的想法做成一份极具吸引力的策划方案，说服上司和管理层、发动周边的同事们将这个方案当作一个项目去运作，并产生了具体的结果以后，这样的员工才称得上真正的拥有"创造力"的人才。

除开一些特殊的职业，在我们大多数人工作的职场上，如果有人说出来一些新点子或者有意思的点子，但只是随口说说，并不能将其落地实现，那么这样的人就会被周围的人认为光会"忽悠"。如果这个人经常这么做的话，迟早会在职场上彻底失去信用。这就是社会现实。

针对这样的情况，日本的教育界也一直在提倡要"培养有创造力的人才"。而在现实社会中，无论在哪个领域，一个有"创造力"的人才，不仅拥有卓越的创意，同时还具备向其所属体系、甚至是向全社会提出自己的方案，并将其执行实现的能力。

关于这一点，笔者也是到美国的研究所工作之后才理解的。

13. 世界上顶级的研究所，追求的不是"创造性"，而是"创造力"

笔者曾经工作过的这家研究所就是巴特尔纪念研究所，是一家致力于开发包括静电复印机在内的各种尖端技术的知名科研机构，当时在美国的俄亥俄州哥伦布市、华盛顿州里奇兰市、瑞士的日内瓦和德国的法兰克福设有四个研究所,总计有 8 000 名研究员和其他工作人员。笔者当时刚刚来到其中最大的一家研究所——位于里奇兰市的巴特尔西北太平洋研究所。

一开始笔者以为在研究所里受到好评的研究员应该是能提出"创造性方案"的研究员,认为"创造性"应该是一个研究员的评价标准。但是来到工作岗位后,所长说的话让笔者大为吃惊。他说:"我们研究所,不使用'创造性'一词,只使用'创造力'一词。"

实际在研究所里工作就会发现确实如所长所说,无论你提出来多么富有"创造性"的方案,光凭方案是无法收获好评的。只有将方案具体执行,产生了研究成果,实现了某种程度上的更新迭代之后,才会在研究所里受到好评。

这种文化,绝不仅限于巴特尔纪念研究所。

现在的谷歌公司被认为是聚集了全世界最有创造性的人才的公司。谷歌内部也不是将提出创意作为评价标准,只有将创意作为具体的软件程序或者服务试行了之后,才能获得好评。

站在全世界最巅峰的有创造力的成功人才,是比如苹果公司创始人——已故的史蒂芬·乔布斯这样的能将创意落地实现的人才。然而令人遗憾的是,日本现行的大学教育体制,并未施行这样的教育。

那么,这种"实现创意的能力",又是一种怎样的能力呢?

它不仅仅是能提出来一个优秀的创意,还要能将眼前阻碍这个创意实现的现实,即上司的判断、同事的看法、职场文化、公司方针、技术问题、资金制约、制度壁垒、市场现状、社会框架等统统改变,这种能力可以称之为"变革现实的能力"。

而且,无论今后 AI 能提出来多么富有创造性的创意方案,这种"实现创意的能力"或者说"变革现实的能力",永远都是只有人能发挥出来的能力。

那么我们该如何做才能掌握这种"只有人能发挥出来的能力"——"变革现实的能力"呢?

答案是很清晰的。

首先,我们需要掌握"说服身边人的能力""推动团队的能力"。

笔者这么说的时候,读者可能也注意到了一个重要的点。

那就是,"职业能力""人际交往能力"和"组织能力"这三项能力是密不可分的。

也就是说,当我们希望发挥"职业能力"中最高阶的能力——"创造力"的时候,让上司、同事、客户、同行等身边人接受自己的创意提案、获取他们共鸣、赞同、协助等的"人际交往能力"是不可或缺的。而且,要实现这个创意,就要取得自己所属企业或组织的同意,要能够管理一个组织或团队去做事,因此"组织能力"也是必需的。

那么,我们又该如何去学习和修炼"人际交往能力"和"组织能力"呢?

我们将在第四章、第五章中讲述这两个问题。

AI 时代所需要的"人际交往能力"是什么

> 比起"语言交流能力",更应该掌握"非语言交流能力"和"共情能力"。

1. 百分之八十的交流在语言之外

在第三章中我们谈到了,如果想在今后的 AI 时代里取得成功,首先需要修炼自己的"职业能力"。但是仅凭"职业能力"还是不够的。如果想拥有不被 AI 打败的能力,就需要掌握一项更高级的能力——"人际交往能力"。

那么,何谓"人际交往能力"?

一个通俗易懂的例子就是"hospitality",可以翻译为"接待客人的能力"。这是一种能细致地感受到顾客情绪,为顾客提供贴心服务的能力。

关于"hospitality"在 AI 时代的重要性,全世界的许多专家都已经指出来了,笔者不再赘述,相信读者们能理解。

对于读者们而言,最重要的仍然是如何掌握"hospitality"的问题。

不过"hospitality"并非仅凭在服务业有大量的"接待经历"就能掌握。现实生活中就有许多长年在服务业工作,却即将被 AI 取代的人。他们所掌握的"hospitality"水准可见一斑。

许多读者每天都在体验他们的这种能力,比如"皮笑肉不笑的笑脸""毫不走心的谢辞""程序化的服务""毫无情意的送客方式",等等。

之所以会出现这样的情形,是因为现在的服务业,虽然"hospitality"和"用心待客"之类的词语经常像口号一样出现,但是真正要将"hospitality"和"用心待客"体现出来,需要一种"基本能力"。而我们在这种"基本能力"方面的教育是缺失的。

那么,这种"基本能力"又是什么呢?

那就是"交流能力"。

即"深度理解对方的想法和感受的能力"和"将自己的想法和感受顺利传达给对方的能力"。

看到这里，读者们的心里可能会冒出来一些声音。

"原来这就是交流能力啊！"

"是要我们注意说话方式吧！"

"是要我们去学习话术吧！"

读者们的想法也没错，但是"交流能力"最重要的部分并不在于"说话方式"和"话术"。

固然，在人与人的交流中，"说话方式"和"话术"也需要注意，但是这些对于"交流能力"而言，还只是最初级的部分。

为什么这么说呢？

因为实际上，交流的百分之八十是"non-verbal"。

"non-verbal"即"非语言的"。

根据在交流方面的专门研究发现，我们交流的百分之八十并非来自语言，而是通过目光或眼神、表情或脸色、动作或举止、姿态或姿势等言语之外的东西。反过来也就意味着，语言的交流只占整体交流的百分之二十。甚至有研究者认为这个比例还要低，只占到百分之七左右。

因此，如果不去锻炼自己的"非语言交流能力"，而只是一味地依赖于"语言交流能力"的人，只使用到了人所拥有的交流能力中的两成功力。从某种意义上来说，仅仅依赖"语言交流能力"的人，与将"非语言交流能力"发挥到最大限度的人相比，能力相差五倍。

无论如何，我们首先要理解这一点，即交流的大部分是"non-verbal"（非语言的）。

理解了这一点之后，我们应该问问自己如下两个问题。

我们需要通过自问,来反思自身的"交流能力"。

2. 不使用语言,能达到怎样程度的交流

第一个问题,我们能从对方的眼神、表情、动作和姿态中了解到多少"无言的信息"?

第二个问题,我们是否知道自己通过眼神、表情、动作和姿态传达给了对方怎样的"无言的信息"?

将这两个问题抛给各位读者的理由无非是,在这个世界上取得成功的一流的职业人士,不论身处哪个领域、哪个岗位,都很善于使用"非语言交流能力"。

然而在服务业工作了很长时间的人,将这两项能力掌握得非常好的,却未必多。

因为要掌握这种能力,需要高超的"推察能力"和"想象力",即,推察对方表情中的奥妙的能力和想象对方的感受的能力。

而且这种对于人心的"推察能力"和"想象力",只有通过现实社会复杂的人际交往才能掌握,不是 AI 能轻易学会的。

不过,在现行的教育制度下,我们从高中到大学毕业,学习并掌握了一些逻辑思考能力和分析思考能力,但是对人心的推察能力和想象力,却鲜少有机会去习得。现在的学校教育,也没有时间分配于培养这两种能力。

实际上,我们看到社会上有不少人,正是因为缺乏对人心的

"推察能力"和"想象力",从而没有掌握好"非语言交流能力"。

比如有些销售人员完全感受不到顾客想要结束对话的情绪,只顾自己一个劲儿地说自己想说的话。

比如在开企划会议的时候,参会的人都希望科长赶紧做个总结结束会议,但科长就是察觉不到这种氛围,会议开个没完没了。

还有比如在开项目会议的时候,项目成员们都在心里呼喊不能再加班了,但负责人就是听不到这种无言的声音,还在给成员打气说"加油"。

我们环顾职场就会发现,这种缺乏对人心的"推察能力"和"想象力"的人还真不少。

因此,我们必须在平常的工作中有意识地通过真正地与各种各样的人打交道来积累经验,掌握好这种"推察能力"和"想象力",修炼"非语言交流能力"。

3. AI 不擅长的"非语言交流能力"

而且,如果想要在今后的 AI 时代里取得成功,这项能力也是我们必不可少的。

因为随着 AI 的急速发展,它早晚会将"语言交流能力"中涉及的相当一部分人的工作取代。

事实上,随着人工智能语音交互技术的发展,今后各种机构的前台、传达室、服务台所受理的顾客接待业务和电话业务都将迅速被 AI 取代。

AI 原本就在信息检索和确认方面具备压倒性的优势,而与顾客的"语言交流"需要的恰恰是正确的应答,所以今后在这方面 AI 将替代许多人的工作。仅仅受理一些事务性手续的前台、传达室、服务台的工作人员就不用说了,只会读读产品说明书的销售人员无疑也将被 AI 淘汰。

而"非语言交流"就不同了,它不够明确,需要对人心有"推察能力"和"想象力",对于人类在这一方面的高能力,AI 恐难企及。

因此,在今后的 AI 时代,人们需要的就是这种能从顾客的表情和行为中敏锐地察觉对方的心思,以自己真诚的笑容给予顾客安全感和信赖感的能力,即"非语言交流能力"。

顺便提一下,在一部被称为现代科幻电影鼻祖,由亚瑟·查理斯·克拉克原著、斯坦利·库布里导演的科幻电影《2001 年太空漫游》中,就已经出现了一个名叫 HAL 的 AI。

这个 AI,具有非常强的能力,它在听不到主人公鲍曼和同事聊天声音的情况下,使用"读唇术"根据他们嘴唇的动作听取了对话内容。

这是一种很厉害的能力,但即便如此,这种能力仍然是对语言的读取,仍未超出"语言交流"的范畴。

暂且不谈这部电影对于未来的预测了,无论如何,只要我们在"语言交流能力"之外还掌握了"非语言交流能力",那么即使在 AI 大量代替人工的时代,我们依然能有用武之地。

4. 会议结束之后务必"推察""想象"一番

那么我们到底该如何去学习和修炼"非语言交流能力"呢？

有一个很管用的方法。

那就是将第三章中讲过的"反省法"，提升到一个更高的水平来运用。

在第三章中我们讲到，要修炼"职业能力"，需要从两个方面来使用"反省法"。

第一，在会议和洽谈之后，从"技术"的层面来反省自己的工作。

第二，在会议和洽谈之后，从"心法"的层面来反省自己的工作。

而修炼"人际交往能力"也需要从如下两个方面来使用"反省法"。

第一，在会议和洽谈之后，推察一下参会人员和客户的"无言的信息"。

第二，在会议和洽谈之后，想象一下自己的"无言的信息"如何传递给了对方。

也就是说，在会议、磋商、洽谈、交涉等"人际交往"的事件发生之后，一定要从这样两个方面来进行"反省"。对会议、磋商、洽谈、交涉等场面进行再次回想，反省在刚才的场面中进行了怎样的"无言的信息"的交流。

具体来说就是从参加者和客户的表情、眼神、动作、姿态等来推察"无言的信息",并想象自己的表情、眼神、动作、姿态传达了怎样的"无言的信息"。

比如可以在脑子里做这样的回想和反省:

"A 先生虽然口头上说了同意,但是从他的表情来看似乎心里不是很乐意。"

"B 先生那个时候虽然没有说话,但是他看向我的眼神是很亲切的。"

"C 先生发言的时候我轻轻地点了点头,他好像也看到了我的认同。"

"D 先生看到我看手表了,可能以为我后面还有事情,所以赶紧结束了发言。"

像这样,回顾当时互相交换的一些"无言的信息",反思当场发生的"非语言交流"。

其实笔者从踏入社会、成为一名职场新人开始,在会议、磋商、洽谈、交涉等之后都必定会重新回想一下当时的情况,反省这种"无言的信息"的交换。因为笔者当时所属销售部门的上司有这样的习惯,笔者从他身上学得,保持至今。笔者通过这种习惯掌握了"非语言交流能力",这种能力在此后成为了笔者巨大的财富。

至此,我们再来整理一下要点。

当前 AI 革命来势汹汹,世界上的许多专家都认为"hospitality"(接待客人的能力)是 AI 难以替代人类的能力之一。

然而这些专家们虽然在从宏观角度预测社会变化方面具有敏锐的洞察力,却因为对于实际的工作和经营管理了解得不够深刻,所以无法告诉我们该如何去提高"hospitality"。

因此在第四章,笔者指出了提高"hospitality"的方法,阐述了掌握对人心的推察能力、想象力和修炼"非语言交流能力"的重要性,并且讲述了具体的学习和修炼方法。

关于提高"非语言交流能力"的具体方法,在拙著《工作的技法》(讲谈社"现代新书"系列)的"深层对话的方法"一节中有更详细的叙述,感兴趣的读者可以去看看。

不过,如果我们想要掌握"hospitality"(接待客人的能力)和"交流能力",修炼自己的"人际交往能力",那么在掌握"非语言交流能力"之外,还有一项能力也是非常重要的。

那是什么能力呢?

那就是"共情能力"。

5. 人类的"共情能力",AI 绝对学不会

"共情能力"作为一种建立良好人际关系的能力和帮助更好地管理团队的能力,其重要性在各种场合屡屡被提起。

而在今后的 AI 时代,"共情能力"将变得更加重要。

因为今后随着技术的进步,AI 将逐渐代替人类的各种能力,但"共情能力"是 AI 绝无可能学会的。它是只有人类能掌握的能力。

那么 AI 为什么绝无可能学会"共情能力"呢？

因为"共情"一词正如其字面所示，是"情感的共通"。

是共同感受人类所拥有的喜悦或悲伤、快乐或痛苦、安心或不安、友情或孤独、爱情或憎恶等种种由肉身生发的情感。

但是开发于二十一世纪初的 AI，生来是没有"情感"的。无论它多么先进，只要仍属于计算机这一类机器，它就没有"情感"。

所以，在情感共通这个意义上，AI 是无法做到与对方"共情"的。因此 AI 代替人类的"共情能力"，从理论上来说绝无可能。

当然，让 AI 说一些"似乎共情的语言"，或是让搭载了 AI 的机器人做一些"似乎共情的表情和动作"，应该还是能做到的。随着技术的进步，这些应该没有问题。

但那终究不过是"似乎共情的语言"和"似乎共情的表情和动作"，其背后没有真正的感情在活动，没有真人肉身里"热乎乎的情感"在流淌。

而且，对于这种"共情"和"情感"，我们人类拥有敏锐的察觉力。

比如我们经常听到一些这样的话。

"他虽然在语言上鼓励我，但是并没有真正地体会到我的痛苦。"

"他虽然一脸愧疚的样子拼命道歉，但我感受不到他真正的歉意。"

像这样，当别人说着"毫无真心的话"，做着"伪装的表情"时，我们能从他们的语言、表情、动作深处敏感地捕捉到其真正的心思和情感。

所以，无论今后 AI 能如何巧妙地说一些"似乎共情的语言"、做一些"似乎共情的表情和动作"，我们人类都会觉得有些"违和"，无法与这样的语言、表情和动作"共情"。

这样一来，即使今后其他能力纷纷被 AI 取代，"共情能力"也将作为人类绝不可能被 AI 取代的能力保留下来。

因此，如果我们想在 AI 时代里取得成功，那么这种绝不会被 AI 取代的"共情能力"，以及基于它的"人际交往能力"和"组织能力"，就是我们最需要去掌握和锻炼的。

那么，我们到底该如何掌握"共情能力"呢？

在讲解方法之前，我们先来谈一谈世人对于"共情能力"的两大误解。

6. 在获得对方共情前，首先要深度共情对方

第一个误解，认为"共情能力"就是"引发对方共情"的能力。

我们经常看到书店里摆着一些类似《令人感动的早会训话》《引发对方共情的技巧》之类的书。经常听到运动员在接受电视采访时说，"希望我的表现能让观众感动"之类标准格式般的话。

而在职场上，我们也经常听到销售经理对下属说："要获得

顾客的共情"。

销售经理的目的原本是希望下属们做的工作"获得顾客满意",这种"心法"是对的。但无意识地就会从"引发顾客共情"的角度去考虑。

然而,"共情能力"一词的真正意义并非如此。它并非"引发对方共情"的能力。

而是"对对方深度共情的能力"。

比如当顾客对销售人员说,"希望你们帮我解决一下这个问题"的时候,销售人员心里想:"原来顾客在为这个问题烦恼啊。这个问题想必给他添了不少麻烦。我一定要帮他解决。"这是"共情能力"。

再比如酒店工作人员见到深夜长途驾车来店的顾客,心里想:"客人一定很累了吧。我要赶紧把手续办完,让客人早点去房间休息。"这是"共情能力"。

还有比如作为一个组织或团队的领导者或管理者,当下属和团队成员碰壁的时候,心里想:"唉,我也曾这样碰壁吃苦。他(她)现在一定也很难受吧。我该做点什么帮助一下他(她)呢?"这是"共情能力"。

因此,真正的"共情能力"并非"引发对方共情"的能力,而是"对对方深度共情的能力"。我们真正需要掌握的是后者这样的"共情能力"。

那么,对于"共情能力"的另一个误解又是什么呢?

7. "共情"就是将对方看作自己

这个误解就是将"共情"与"同情""怜悯"的意思混淆。

社会上有很多人经常把这几个词语混为一谈，但其实"同情""怜悯"与"共情"的意思完全不一样。

"共情"是"将对方看作自己"。

而"同情"和"怜悯"的情感里，暗藏着"从上往下看"对方的立场，在对方与自己之间有一道"心理距离"。

因此我们在学习"共情能力"的时候，不是去学习"同情"和"怜悯"，而是从"将对方视同自己"这个意义上去学习和掌握"共情能力"。

这一点，在成为部门经理或者领导以后，管理下属和团队成员的时候，尤为重要。

关于"共情能力"，我们刚才举过这样的例子，当下属和团队成员碰壁的时候，领导或管理者心里想："唉，我也曾这样碰壁吃苦。他（她）现在一定也很难受吧。我该做点什么帮助一下他（她）呢？"这种心理是很重要的。这种"我也曾这样碰壁吃苦"的感受，正是"将对方看作自己"。

如果我们掌握了这个意义上的"共情能力"，它将成为我们最强的"交流能力"，最强的"人际交往能力"。

因为无论是家人之间、朋友之间，还是同事之间，只有在人与人之间产生了"深度共情"时，才能产生深刻的交流。

那么，我们究竟该如何去掌握"共情能力"呢？

8. 不经一番"吃苦"，不懂真正"共情"

有一点是毫无疑问的，那就是，"共情能力"不是多看几本书就能学会的。它是一种需要通过工作和生活的经历与体验才能掌握的"经验型智慧"。

当然，多看一些讲述身处苦境之人遭遇的书，或是讨论"共情能力"的书，可以从脑子里了解到"共情能力"的重要性。

但是正如笔者多次阐述，从脑子里了解到"共情"的重要性，与我们真正地对某个人产生"深度共情"，完全是两码事。

那么，掌握真正的"共情能力"，需要什么呢？

直白地说就是，需要"吃苦"的经历。

因为如果我们自身没有相应的"吃苦"经历，那么对于苦境中的人们，就无法产生真正的"共情"。

比如有些在事业上恰巧一帆风顺的领导，可能很难理解在工作上遇到倒霉事儿的员工的心境，对于他们的心情很难做到真正的"共情"。

再比如从小就很优秀，没遇过什么挫折，一路走精英路线过来的人，对于在工作上发挥不出能力，受过挫折，感到自卑的人的心境，也是难以理解，难以真正"共情"的吧。

当然笔者的意思并不是说"只要跟对方没有完全相同的困难遭遇,就无法做到真正的共情"。

而是,即使我们没有跟对方完全相同的困难遭遇,只要也曾经历过一些各种各样的辛苦,感受过痛苦和艰辛,也就多少能推察和想象到对方的心情。

而这种根据自身吃苦的经历和体验,对处于苦境之人心情的推察和想象,对于掌握"共情能力"是非常重要的。这样掌握的"共情能力",可以称之为"经验型共情能力",是人类最优秀的能力。

而且,这种"经验型共情能力",是 AI 无论发展到何等程度都绝无可能掌握的能力,是只有真真实实的人类才能发挥出来的能力。这一点也无需笔者赘言。

9. "年轻时要多吃苦"的真相

"经验型共情能力"可以通过工作和人生中的各种艰辛困苦来掌握,要理解这一点,我们先要有如下的心理准备。

这种心理准备,即对于工作和人生中出现的各种艰辛困苦,不要去憎恶,而要去接受,从这些艰辛困苦中深入地学习该学习的东西,积累经验。

当然,看到这里,读者们可能会产生一些抗拒心理,"话是这么说,但做起来太难了"。

老实说,笔者也有同感。

有句话说:"年轻时要多吃苦。"

笔者年轻的时候也经常有人对笔者这么说。

但是每次听到这句话,笔者心里都会感到怀疑和困惑,"话虽如此,但人生中的痛苦,不应该越少越好吗"?

然而此后走过半个多世纪的岁月,遭遇了工作和人生中的种种困境,饱尝艰辛痛苦之后,现在回过头来,终于深切地感受到了这句话的真谛。

只有当自己经历了工作和人生中的种种艰辛困苦之后,才能明白同样陷于艰难困苦境地之人的感受。从而将对方视同自己,对其产生深刻的"共情"。

而人与人之间的深刻交流,正是从这种深刻的共情开始。

既然如此,我们就应该偶尔停下脚步来问一下自己,"在过去的工作与人生经历中,我吃过一些什么样的苦"?

用这个问题来回顾反思自己的工作与人生。

说到这里,笔者也回想起了自己年轻时吃过的一些苦。

10. 在工厂里和工人聊天,他说"你懂的"

那是笔者博士毕业后刚去一家民企上班时发生的事情。

在新员工培训开始之前,人事部的 HR 问笔者:"新员工基本上都要去外地的工厂里接受半年的现场培训。但你是博士,不一定要去这个现场培训。你打算怎么办?"

对于这个问题，笔者起初有些犹豫，但最终还是觉得应该丰富自己的经验，因此决定去工厂接受半年培训。

于是笔者被分配到工厂车间，头戴安全帽、身穿工作服、脚着安全鞋，在工厂里经历了经常需要通宵加班的日日夜夜。

那绝不是一份轻松的工作，但对于笔者而言是一段非常有意义的体验。

因为笔者真真实实地体验到了，许多高中毕业就进入工厂的工人们，是如何在车间里辛苦地劳动，生产对这个社会有用的产品。

有一天在工厂里连夜加班到天亮的时候，有一个年长的工人，走到笔者身边对笔者说："你是大学生，过几个月就会回总部吧。麻烦你回去以后跟总部说说，这个车间的环境，真是吃不消。你看看我这眼睛。每天被硫酸熏得通红。医生说已经成慢性病了，治不好了。能不能改善一下车间环境。我说的这些，你懂的。"

这个年长工人说话时的神情，笔者到现在都忘不了。

那天加班到早上、回宿舍之后，笔者马上花几个小时给总部写了一份报告。虽然不知道那份报告最终起了多大作用。

其实笔者自己也被硫酸熏得眼睛难受、嗓子咳不停，所以更懂得那份诉求的重要性。

笔者在工厂车间的这段吃苦经历和共情体验可能微不足道，但这份现场体验，无论是在和车间工人们一起劳动的当时，还是在回到总部以后，都是笔者宝贵的财富。因为当时或多或少地与现场工人们实现了"共情"的交流。

　　无论如何，如果我们想拥有出色的"交流能力"，那么还是要趁年轻时多吃苦。通过"吃苦"，来培养对他人深刻的"共情能力"。

　　这种"经验型共情能力"一旦养成，我们必定能掌握出色的"交流能力"和"人际交往能力"。

11. 下属在背后给你的评价是"不知民间疾苦"还是"操心劳碌命"

　　通过工作和人生中的各种艰辛困苦而掌握的"共情能力"，不止能提高我们的"人际交往能力"，对于我们即将在第五章讲述的"组织能力"的提高，也有很大的作用。它是我们成为一名优秀管理者的巨大财富。

　　因为在这个世界上，在职场的某个角落，总能听到下属和团队成员评论他们的领导或管理者"不知民间疾苦"。

　　这个评论相当刻薄。

　　如果有一天我们成为了所在组织或团队的领导或管理者，而背地里有下属和团队成员这样评论我们的话，应该会感到非常失落吧。

　　"那个人不知民间疾苦，哪里会懂得下属的困难。"

　　即使成为了领导者或管理者，但是与下属和团队成员渐行渐远，被他们这样议论的话，也是非常令人遗憾的。

不过,现实生活中也还存在着另一种情况。

在职场上我们也经常听到下属和团队成员这样评价那些有着好名声的领导或管理者,"他很重视我们的想法。真是个操心劳碌命"。

其实,我们在此前的工作和人生中经历了多少艰辛困苦,下属和团队成员们是能感知到的。如果我们经历过一番艰辛困苦,就会形成对下属和团队成员们的"共情能力",这样的"共情能力"不止能帮助我们提高"交流能力",还将极大地提高我们的"领导能力"。

而无论在何种组织何种团队里,没有"共情能力"的领导者,身边都无法聚集人才。

因此,如果我们成为了一个组织或团队的管理者或领导者,需要施展"管理能力"和"领导能力"的时候,先要问自己两个问题。

第一,在过去的工作与人生中,我有过一些什么样的吃苦经历?

第二,通过这些经历,我对别人的艰辛困苦能做到何等程度的"共情"?

这两个问题在今后的 AI 时代将愈发重要。

因为,"经验型共情能力"与基于它的"人际交往能力"和"组织能力"是 AI 无论多么优秀都发挥不出的能力,是只有感受得到人间悲欢的凡人肉身才能发挥出来的能力。

12. 优秀的领导者明白"吃得苦中苦，方为人上人"

不过，当笔者讲述吃苦经历的重要性时，有的读者可能会这么想，"大家都知道要吃苦修炼，但其实心里都不愿意去吃苦吧！"

确实，谁心里都不愿意吃苦。

不仅是读者们，笔者也一样。

然而，当我们成为了一个组织或团队的领导者或管理者之后，必须深刻地拷问自己一个关于"吃苦"的重要问题。

那就是，自己究竟如何看待人生中的艰辛困苦？

为什么说这是一个重要问题呢？

因为，如果我们认为"人生中的艰辛困苦越少越好"，想要"过一种少吃苦的人生"，那么在我们成为一个组织或团队的领导者或管理者以后，就无法激励下属和团队成员。

任何一份工作，都是对目标的挑战。因此我们作为领导者或管理者所带领的组织或团队，必定会面临各种各样的艰辛和困难。

那时候，无论我们怎样在口头上对下属和团队成员说"加油"，只要我们自己的内心对于"吃苦"持否定态度，这份心思就会默默地传递给下属和团队成员。

而下属和团队成员在接受到这份否定的心里暗示后，也会开始想，"我为什么要吃这份苦呢"？

所以我们作为组织或团队的领导者或管理者一定要问自己，

"究竟如何看待人生中的艰辛困苦"？

那么，对于工作和人生中的艰辛困苦，我们到底该持什么样的态度呢？

答案是很明确的。

应该相信："吃得苦中苦，方为人上人。"

不可否认，没有任何人会欣然期待工作和人生中的艰辛困苦。笔者亦是如此。但是在走过漫长的岁月之后回顾人生，就能发现一个真相。

这个真相就是，"艰辛困苦，使人成长"。

既然如此，我们就不应该有"人生中的艰辛困苦越少越好""想要过一种少吃苦的人生"这样的贪图安逸的人生观。

那么我们应该有什么样的人生观呢？

我们应该怀抱这样的人生观，"在工作和人生中出现的艰辛困苦，是我们成长路上的考验。这些艰辛困苦都有其深刻的意义。在努力克服困难的同时，思考它们的意义，将使我们获得更快的成长"。

这也是一名优秀的领导者、管理者、经营者应当具备的人生观。

13. 真正的领导者最需要的"逆境观"

本书的读者中一定有已经在某个组织或团队里成为领导或管

理者之人。而无论什么样的组织或团队,都会遇到各种各样的困难,这时候就需要以领导或管理者为中心,整个团队成员心往一处想、力往一处使,战胜困难前行。

这种时候,读者作为一名领导或管理者,如果怀着坚定的信念对下属和团队成员们说出如下一番话,必定能让职场充满正能量。

读者不妨这样说,"我们已经尽了自己的能力,尽管如此,仍然遭遇了这样的困难,那么这个困难就是为了让我们成长而设置的考验。战胜了这个困难,我们就能获得成长。而成长之后,我们就能将工作做得更好。也就是说,我们每个人都可以通过克服当前的困难,去获得更快的成长,将工作做得更好、更有价值"。

作为领导或管理者,如果怀着坚定不移的信念说出这样一番话,那么所带领的组织或团队必将发挥出超乎想象的巨大能量。

也就是说,对于一名领导者、管理者、经营者,如上这种"逆境观"是最为需要的。

所谓"逆境观"即,当工作和人生中面临烦恼、困难、失败、失利、挫折、失去等"逆境"的时候,怎样去接受、怎样去解读。

"逆境观"的背后其实是一种觉悟。

这种觉悟就是,"人生中所有的逆境,都有其深刻的意义"。

当我们怀抱这种觉悟前行的时候,和我们同行的团队成员会给我们这样的评价。

"不管是烦恼的时候还是痛苦的时候,只要跟他一聊,就能充满力量。"

"跟他一起共事,能让人成长。"

最后,在掌握了出色的"人际交往能力"之后,我们还需要掌握高超的"组织能力"。下一章就来谈"组织能力"。

AI 时代所需要的"组织能力"是什么

最应该掌握的,是心理层面的管理能力和不断成长的领导能力。

1. 大部分管理工作都将交给 AI 来做

在第四章中我们讲述了"人际交往能力"。当我们掌握了出色的"交流能力"和"接待客人的能力"之后,下一步就要学习和锻炼一项更为重要的能力了。

那就是"组织能力"。

关于这项能力，在第四章的最后部分也稍有涉及。所谓"组织能力"，即作为一名领导者统领、管理一个组织或团队的能力，基本上由"管理能力"和"领导能力"两种能力构成。

那么在今后的 AI 时代，"管理能力"和"领导能力"会有什么新的变化呢？

我们又该学习和锻炼一些什么样的新能力呢？

第五章的前半部分和后半部分将分别对"管理能力"和"领导能力"进行阐述。

我们首先来看看"管理能力"在今后会发生什么变化。

之前我们已经提到过，世界上的许多专家都认为，即使在 AI 时代，管理类的工作仍将是人类保留的一份重要工作。

比如在第一章中提到过，在聚集了全世界领袖的达沃斯会议上，专家们认为"creativity"（创造性）、"hospitality"（接待客人的能力）、"management"（管理能力）这三项能力涉及的工作是人类在未来不会被 AI 代替的工作。

但其实，管理类的工作中有许多将被 AI 代替。

"management"一词在日语中一般译为"经营管理"，"经营管理"的大多数工作即"管理业务"。

所谓"管理业务"通俗地说就是管"人、物、钱"的工作，即"人事管理""物资管理""预算管理"等工作，以及延伸开来的管理工作时间的"工程管理"和管理整个项目的"项目管理"等工作。

诚然，在过去的时代，这些"管理业务"都是极为重要的工作，然而今后,这些工作中的大部分将交由 AI 去做。

不,其实现在已经有许多工作交给 AI 在做了。

我们首先来看一下"物资管理""预算管理""工程管理"和"项目管理"等工作。对最合适的库存量、最小的成本、最大的利益、最短的工程时间、最合适的流程等做快速而合理的判断,这是 AI 最擅长的领域。所以现在这些方面的工作已经通过各种各样的形式导入了 AI。

而且,在合理配置人才的"人事管理"工作方面,AI 也很擅长,甚至连人事管理中评估员工动机这样的高难度工作,也已经开始使用 AI 来做了。

比如员工人数较多的企业,利用 AI 对每一个员工的性格、出勤率、来自上下级和同事的评价、工作成果等信息进行分析,以此来评估每一个员工的离职可能性,制定合适的对策。

如此看来,"管理业务"的大部分工作都将被 AI 取代。那么在这样的时代,还有什么管理工作是只有人能做的呢? AI 无法胜任的、需要更高阶管理能力的工作是什么呢?

2. 只有人能做的"终极管理"

那就是"心灵管理"。

所谓"心灵管理",到底是什么样的管理呢?

首先是以下两方面的管理。

第一,"凝聚力的管理"。让下属和团队成员充分发挥自觉性和创造力、协调性和共情能力,使之能互相配合,出色地完成工作。

第二,"工作价值观的管理"。让下属和团队成员找到工作的价值,感受到工作的意义和人生的意义。

这样的"心灵管理"才是在信息革命迅速发展、AI 迅速普及的二十一世纪高度知识社会中,对于管理者或领导者而言最高水平的、最重要的工作。

因为今后无论 AI 如何发展,这都是它决然无法替代、只有人类能做的工作。

那么,如果要做好"心灵管理"工作,需要掌握一些什么样的能力呢?

在思考这个问题之前,我们还需要理解一个重要的点。

那就是,在今后的高度知识社会,"管理"的固有模式需要根本性的转变。

如何转变呢?

3. "心灵管理"并非"心灵控制"

即,从原先的"操作式管理",转变为全新的"自发式管理"。

这里的"操作式管理"是指,将下属和团队成员视为"操作"的对象,围绕企业的经营目的而进行的提高员工工作效率和生产性的管理方法。

这种管理方法仿照了军队的管理方法,是工业社会的主流管理模式,是一种"控制型"管理方式。

"自发式管理"则不将下属和团队成员视为"操作"对象,而是重视他们的自主性,支持他们自觉的行为,通过"自我组织"的过程,促成新的技术、商品、服务和事业的诞生。

这种管理方式在今后的高度知识社会中将成为主流。经过信息革命的洗礼,企业和组织的复杂性将增加,可称为复杂系统(complex system)。而"自发性"与"自我组织化"的兴起,也使得这种管理方式可称为复杂型管理方式。

因此,本书所说的"心灵管理",并非基于企业的经营目的来"操作"下属和团队成员的"操作式管理",而是重视下属和团队成员的自主性和自发性的"自发式管理",是在今后的高度知识社会中极为重要的管理方式。

也就是说,"心灵管理能力"不是为了让下属或团队成员的"心"顺从管理者或者领导者的意愿而对其进行管理的能力,而是站在下属和团队成员的角度,帮助他们的"心"自然地提高相互之间的"共情能力",感受到工作价值的管理能力。

笔者在上一小节中提到,"心灵管理"是"让下属和团队成员充分发挥自觉性、创造力、协调性和共情能力,使之能互相配合,出色地完成工作"(凝聚力的管理),和"让下属和团队成员找到工作的价值,感受到工作的意义和人生的意义"(工作价值观的管理)。说到底,"心灵管理"不是自上而下的"操作",而是让这种状态自然地、自发地产生。

那么，作为管理者或领导者，具体该如何去做呢？

4. 管理者和领导者的心态能创造出"成长氛围"

首先，作为管理者和领导者，我们自己要在职场上发挥自觉性、创造力、协调性和共情能力。我们自己要找到工作的价值，感受到工作的意义和人生的意义。

可能有些习惯了"操作式管理"方式的读者听到笔者这么说，会感到沮丧。因为"自发式管理"不是通过五花八门的"管理技巧"去改变下属和团队成员的"心理状态"，而是创造出一种让下属和团队成员的"心理状态"往好的方向发展的氛围。

也就是说，如果我们管理者和领导者自己能在职场上发挥自觉性、创造力、协调性和共情能力，我们自己找到了工作的价值，感受到了工作的意义和人生的意义，那么自然就会在职场上营造出一种"充满自觉性和创造力的氛围""充满凝聚力的氛围""能感受到工作价值和人生意义的氛围"。

在这种"氛围"下，下属和团队成员们也会逐渐发挥出自觉性、创造力、协调性和共情能力，找到工作的价值，感受到工作的意义和人生的意义。

在日本的职场上，人们常说"下属的行为是上司的影子"，"职场的环境是领导的心境"。"心灵管理能力"从某种意义上来说就是对这些话的高度实践。

我们再来复习一下"心灵管理"包含的两个方面的含义。

第一,"凝聚力的管理"。让下属和团队成员充分发挥自觉性和创造力、协调性和共情能力,使之能互相配合,出色地完成工作。

第二,"工作价值观的管理"。让下属和团队成员找到工作的价值,感受到工作的意义和人生的意义。

其实,还有第三个方面。

5. 每个管理者都将成为"心理咨询师"

它就是,第三,"帮助成长的管理"。

对于下属和团队成员的不满、不安、迷茫和烦恼给予真挚的倾听,以这些不满、不安、迷茫和烦恼为契机,帮助下属和团队成员实现人生路上的成长。

管理者和领导者在这个方面所做的工作,从某种意义上来说是对下属和团队成员做"心理咨询"(counseling)的工作,或者说"教练"(coaching)的工作。

"心理咨询"和"教练"在现实生活中原本都有专门的职业存在,而今后的时代,一个组织或团队的管理者和领导者,需要的不仅是把这些工作交给外面的专业人士做,也需要自己能掌握这两种专业技术。

本书限于篇幅,不能对"心理咨询"和"教练"的技术做十分详细的介绍,在这里仅就"心理咨询"中最高水平、最重要的技术稍作介绍。

这个技术从语言介绍上看来比较简单,也方便使用,但是真正实践起来并不容易。不过作为一个管理者或领导者,如果掌握了这项技术,并将其运用于职场,就会经常发现下属和团队成员的心理发生了一些令人意外的好变化。

如果读者在实际运用这项技术的过程中,感受到了一些效果,对"心理咨询"产生了兴趣,不妨去读读已经出版的许多相关书籍,作为参考。并以"心里咨询"技术的学习为契机,进而延伸到"教练"技术的学习。因为从"心灵管理"的角度来看,"心理咨询"和"教练"这两种技术在现阶段虽然殊途,但是在它们各自深化发展的路上有互相融合的倾向。

"心理咨询"的技术有很多,但对于笔者长年的管理工作而言,河合隼雄先生的心理咨询论起到了很大作用。其中,从"心灵管理"的角度来说,最为有用的技术是"听进去"。

6. 不仅仅是"听",而是"听进去",奇迹就会出现

近年来由于工作而导致的"抑郁症"问题愈发深刻,越来越多的人表示受到"职权滥用"等人际关系问题的困扰。

在这种状况下,人事部门也会要求管理者和领导者们,定期与下属和团队成员们进行面谈。在这种面谈的时候,"听进去"就是一项很重要的技术。

具体该如何做呢?

一言以蔽之,"听进去",不是单单在表面上听对方说话,而是要怀着深深的共情之心,将对方的话听进自己的心底里去。

这个时候,倾听者心里要有这样的想法,即"他说的,对于他而言是真相"。

因为我们在与下属和团队成员进行面谈的时候,大多数情况下是一边用自己的价值观做着判断,一边听对方说话。我们用"自以为的真相"做着判断,有时候甚至是带着审判的心态在听对方说话。

比如有下属到某领导处,告知领导自己的辞职意向时,说了这么一番话。

"公司里的老员工田中,是个恶魔。把我们新人完全当作机器来用。我再也不想在这种地狱一般的公司待着了。"

这时候,领导可能表面上默默地听着下属的抱怨,心里却在想,"这个员工有点偏执了吧。田中也没有那么过分","说公司是地狱,是有被害妄想症吧。我觉得公司难免有些问题,但也还好。"

这个领导的想法,从社会常识的角度来看,似乎也没什么错,但是从心理咨询的角度来看,就很难说是正确的了。

因为只要抱着这样的想法去听下属说话,那就只是"听听而已",并没有"听进去"。

如果我们真的想倾听下属和团队成员的声音,想要"听进去"的话,那么"他说的,对于他而言是真相",这句话就有非常重要的意义。

也就是说,当下属说"田中是恶魔""公司是地狱"时,对于他而言,田中真的像个恶魔,公司真的像个地狱。这些对于他而言是"真相"。

既然如此,在这个时候,管理者和领导者就不应该一边在心里做着"偏执""被害妄想症"的批评判断,一边听下属说话。而应该怀着共情的心理一边想"原来对于你而言田中是个恶魔般的人啊,公司就像是地狱啊。那真的太痛苦了",一边将下属的话认认真真地"听进去"。

但是"听进去"绝不意味着将下属的话不加分析地全部接受,也不是完全顺着下属的抱怨去做一些判断和指示。

"听进去"最重要的点就是,不论下属和团队成员的意见和抱怨是什么,先站在"他说的,对于他而言是真相"的角度去理解对方的意见和抱怨,作为一个有真情实感的人对烦恼痛苦的下属和团队成员予以"共情"。

笔者在前面也说过,这个"听进去"的技术,语言上说起来简单,实践起来决不容易。

但是如果我们能怀着深深的"共情"之心,去倾听下属和团队成员的声音,就会时不时地发现下属和团队成员的心理发生了一些令人意外的好变化。有时候他们的心灵会以超乎我们想象的速度成长。

笔者在作为管理者和领导者的生涯中就有过这样的经历,并且从中学习到了很多。

因此,管理者和领导者,如果想要把"心灵管理"第三个方面的工作,即"帮助成长的管理"工作做好的话,就要掌握包括"听进去"这项技术在内的"心理咨询"技术。如果可以的话,最好再掌握"教练"技术。因为笔者在前面也提到过,今后"心理咨询"和"教练"这两种技术,伴随着它们各自的发展成熟,有互相融合的倾向。

7. AI 时代里只有人类能承担的"三项管理"

如上,笔者讲述了在今后的 AI 时代,作为只有人类能承担的高级管理工作,"心灵管理"将变得越来越重要。它分成三个方面的管理。

第一,凝聚力的管理。

第二,工作价值观的管理。

第三,帮助成长的管理。

"心灵管理"主要是通过管理者和领导者自身的行为,去创造一个充满凝聚力、有工作价值的"氛围";通过使用"听进去"等技术帮助下属和团队成员的心灵成长。不过这些方法都不是"速效药"。而我们追求的也并非"速效药"的效果。我们深知,追求速效的"操作式管理"所使用的方法,大多有不良副作用。

在本书提到的这三项管理工作中,实践起来最难的是"帮助成长的管理"。关于这方面的管理方法,本书着重介绍了"心理咨询"技术及其中最重要的"听进去"技术。

因为当下属和团队成员在工作中遇到"成长的瓶颈"时,大多数情况下,都不是像"没有掌握好工作技能"之类的"技术性问题",而是源于没有自信或是人际关系矛盾这样的"心理问题"。

因此,管理者和领导者如果想要帮助下属和团队成员实现"作为职场人士的成长",大多数情况下,要从帮助他们实现"作为人的成长"开始。

限于篇幅,本书不能在"帮助成长"方面展开更多介绍了。如果有对这个主题感兴趣的读者,可以参考拙著《为什么优秀的人会停止成长》(日本钻石出版社出版)。这本书讲述了在职场上阻碍人们成长的"七个瓶颈",以及突破它们的"七个方法"。

至此,相信读者们对于"心灵管理"是一种如何高水平的、成熟的管理方法,以及它在今后的高度知识社会中有怎样的重要性,已经了然于胸了。

笔者不妨再说一次,无论今后 AI 技术如何进步,在职场上如何普及,这种"心灵管理"都是只有具备真情实感的人类才能做到的,是为人类保留的"终极管理"。

因此,如果我们掌握了这种"心灵管理"能力,那么即使在今后的 AI 时代,也会有大显身手的舞台。

8. "掌控人心""统率能力"这样的词语将消失

那么我们接下来再看看"领导能力"在今后的时代会发生什么样的变化?

以及,如何掌握这样的"领导能力"?

在回答这个问题之前,我们也必须先对如下情况有所了解。

那就是,今后的"领导"工作,与前面提到的"管理"工作一样,将从"操作模式"转变为"自发模式",成为一种成熟的、高水平的工作。

我们先来回顾一下二十世纪的情形。

之前提到过,在二十世纪的工业社会,企业等组织是模仿军队的组织体系建立起来的。

那是一种中央集权型的、等级制的组织体系,在那样的组织体系中,上级对下属的指挥关系是很明确的。领导者在被赋予的权限内指挥下属完成组织的目标,就是优秀的领导者。

因此,在二十世纪的企业组织里,出现了类似"人心掌控能力"和"统率能力"等来自军队的词语,用以形容领导者的出色能力。

然而,到了二十一世纪,这样的领导模式过时了。

在二十一世纪的高度知识社会,现场分权型的水平型组织结构已经成为了主流。在这样的组织体系中,上级处于帮助下属的立场。领导者的工作不再是在被赋予的权限内指挥下属,而是通过培养团队成员的自觉性、创造力、协调性和共情能力,去完成组织的目标。

因此,在这个全新的时代,领导能力不再来源于"人心掌控能力"和"统率能力"这类能力。

在二十一世纪高度知识社会的企业和组织里,如果下属和员工们评论一个人,"我想跟他一起工作""我想跟他一起做出一番事业""我想跟着他成长",那么这样的人就能成为领导者。

9. "领导"不是公司选择的,而是下属选择的

因此,我们并非由于被老板和高层任命为一个组织或团队的领导者,就拥有了"领导能力"。

仅凭上面给予的权限,对下属和团队成员发号施令,并不意味着拥有"领导能力"。

从这个意义上来看世间许多职场,"没有领导能力的领导"之多,令人遗憾。

许多职场上都存在"隐形领导"现象。

比如,公司任命了田中为某个团队的领导,因此,田中本应该在这个团队中发挥领导才干。但是团队成员们不太相信田中的判断力,不认为"按照田中的指示,能把工作做好"。

因此大部分团队成员在遇到重大问题的时候,都不去找田中商量,而是找大家都爱戴、信赖的"代理领导"铃木商量。

从这个例子可以看出,由于田中无法发挥领导能力,铃木代之成为了"隐形领导"。

实际上,这种"隐形领导"现象,在老一派的企业职场里并不少见。在过去的工业社会里,只要被公司任命为领导或管理者,拥有了指挥下属和团队成员的权限,就能发挥相应的领导能力,推进工作。但是到了现在的高度知识社会,领导能力需要非常高水平的

能力,因此老一派的企业职场里就很容易出现这种现象。

当然,让下属和团队成员们觉得"我想跟他一起工作""我想跟他一起做出一番事业""我想跟他一起成长"的能力,是一种极高的能力。无论今后技术如何进步,这种能力都是 AI 绝对无法替代的,只有人能发挥出来的能力。

那么究竟该如何去掌握这种能力呢?

掌握它,需要三种能力。

10. 你能否给团队成员谈"前景和理想",激励他们的斗志?

第一种能力是什么呢?

那就是满怀信念地描绘美好"前景"和"理想"的能力。

作为一个组织和团队的领导者,这种能力首先体现在告诉团队成员们,一起努力就能完成怎样的工作,带来怎样的变革。这种描绘美好蓝图的能力就是谈"前景"的能力。其次,告诉团队成员们通过这样的工作和变革,能给世界做出多大贡献。这种满怀信念描绘理想的能力就是谈"理想"的能力。

这里的"变革",也可以指"innovation"(革新)。比如我们在民企工作的话,"变革"就是对我们为社会提供的技术、商品、服务和工作做改善,使之变得更好,进而使市场、产业、地区和社会变得更好。

同时,每个人心中都有一份"为世界做贡献"的愿望。

因此,当领导者描绘美好"前景和理想"的时候,团队成员们心中自然而然就会产生"我想跟他一起做出一番事业"的想法。

比如对全世界都有着巨大影响的谷歌公司,其创始人拉里·佩奇和谢尔盖·布林在大学读研究生的时候就会一起谈论前景,"让每个人都能通过搜索引擎获得世界上的所有信息"。这个"前景"背后,是"希望用这个技术将世界变得更好"的"理想"。

现在谷歌已经成为了全球性的大公司,聚集了许多优秀的技术人才,不断地进行着技术革新。而我们不应忘记,在它背后支持它成长的正是美好的前景和强烈的理想信念。

顺便提一下,笔者年轻时作为研究者工作过的美国巴特尔纪念研究所,大厅里挂着这样一副标语,"For the Betterment of Human Society"(为了人类社会的进步)。

以及笔者作为 Global Agenda Council 的会员所任职的世界经济论坛,每年一月在瑞士的度假胜地召开的达沃斯会议上,都会悬挂这样的标语,"Improving the State of the World"(为了改善世界现状)。

综上所述,如果我们想掌握二十一世纪的新型领导能力,首先要从掌握谈"前景"和"理想"的能力开始。

11. 你能否在职场上营造出无形的"成长氛围"?

接下来第二种能力是什么呢?

那就是拥有比谁都强烈的"成长渴望"的能力。

为什么说这种能力很重要呢？

因为，无论多么美好的前景，多么崇高的理想，仅仅通过描绘这种前景、怀抱这种理想，是无法成就一番事业的。

要想成就一番事业，包括我们领导者自身在内的组织和团队里的每一个成员，都必须作为一个职业人士，作为一个人，有巨大的成长。

那么，如何才能帮助团队成员们成长呢？

在思考对团队成员的种种培训方法和指导方法之前，我们有更重要的事情需要考虑。

那就是，我们作为领导者，必须拥有比任何一个团队成员都强烈的"成长渴望"。

如果我们比谁都更渴望成长，比谁都更努力地持续成长，那么从我们的身心里必定会散发出一种"成长氛围"。

而我们身边的团队成员们，也会受到这种"氛围"的影响，不知不觉地产生"对成长的渴望"，于是一个"不断成长的集体"就诞生了。

顺便联系到第三章中提及过的"第一时间反省交流法"，它是在会议、磋商、洽谈、交涉等之后，团队成员们以领导为中心聚集在一起，以各自的成长为主题，对之前的会议进行回顾和反省的方法。这种方法也能自然而然地让团队成员们提高"对成长的渴望"。

"对成长的渴望"，原本就不是通过自上而下的命令获得的。

它是团队成员们看着领导者的身影，自然而然学习到的。

不过，尽管如此，令人遗憾的是世界上仍然有许多自己不成长却叹息"下属不成长"的管理者和领导者。

作为领导者，首先自己必须拥有比谁都强烈的"成长渴望"，并通过日复一日的工作不断成长。这时候自然就会在身边散发出一种"成长氛围"，周围的员工们也自然会一起走上成长之路。对于这样的领导者，员工们心中自然会产生"我想跟他一起成长"的想法。

12. 你是否从心底里相信下属和团队成员们的"可能性"？

那么第三种能力是什么呢？

那就是深信团队成员们所具有的"可能性"的能力。

这种能力为什么重要呢？

因为我们描绘的前景和理想越美好，要完成的工作就越不容易。有许许多多的困难和障碍挡在前行的路上。

因此，作为管理者就要拥有比谁都强烈的信念，坚信自己的团队一定能完成这份工作。我们要拥有坚定地相信自己所带团队的可能性的能力。

并且对于团队里的每一个人皆是如此。

对于团队里的每一个人，无论他遇到怎样的成长瓶颈，都要相信他的成长可能性，相信他一定能突破这个瓶颈获得成长。我们必须拥有这样的能力。

而且，在相信每一个团队成员可能性的同时，我们也决不可丢失对每一个团队成员的尊重。

现在社会上充斥着许多类似《让对方按照你的想法行动》《驾驭人心》这种标题的书，以及各种讲"操作主义"心理技巧的书。但是作为二十一世纪的领导者，绝不能沾染"操作主义"之流。无论是对于下属，还是身边的人，绝不能失去尊重的态度。

如果我们作为领导者沾染了"操作主义"做派，使用了"操作主义"心理技巧，短期内可能会让下属和团队成员按照我们的心意行动。但是迟早有一天，下属和成员会察觉到我们使用的"操作主义"，而他们的心终将离我们而去。

相反地，如果领导者比谁都坚信团队的可能性，坚信每一个成员的可能性，那么团队成员的心中自然也会产生"我想跟他一起工作"的想法。

因为人不仅仅受丰厚的经济报酬或较高的社会地位吸引。每一个人都相信自己潜藏着可能性，每一个人都想过让这种可能性开花结果的人生。

因此，当人遇到一个深信自己所具有的可能性的领导者时，自然就会产生"我想跟他一起工作，想要成长，想通过成长做出一番出色的事业"的想法。

13. 成为 AI 时代的新一代管理者和领导者

最后，我们再来做一下总结。

在今后的高度知识社会，"管理能力"和"领导能力"的概念范畴将发生巨大的变化。因此在今后的时代，我们如果想要掌握"组织能力"，就意味着要掌握全新的"管理能力"和"领导能力"。

新的"管理能力"，也可以称作"心灵管理能力"。

"心灵管理能力"分为三个方面。

第一，"凝聚力的管理"。让下属和团队成员齐心协力、更好地完成工作。

第二，"工作价值观的管理"。帮助下属和团队成员感受到工作的价值和人生的意义。

第三，"帮助成长的管理"。跟下属和团队成员一起面对"心理问题"，帮助他们的心灵成长。

新的"领导能力"，也可以称为"带领成长的能力"。它包括如下三种能力。

第一，满怀信念地描绘美好"前景"和"理想"的能力。

第二，拥有比谁都强烈的"成长渴望"的能力。

第三，深信团队成员们所具有的"可能性"的能力。

这三种能力，能激励员工，帮助他们成长，将员工们的心团结在一起，最终出色地完成工作。

　　如果我们去学习这种"心灵管理能力"和"带领成长的能力"，并且不断地去磨炼，那么这两种能力必定能成为 AI 绝对无法替代的、只有人类能拥有的最强能力。

　　所以，当我们掌握了这两种能力，我们不仅仅只是成为了"不会被 AI 淘汰的人才"，我们还将作为二十一世纪高度知识社会的新型管理者和领导者，与其他许多同伴们一起大展宏图。

"AI 失业"之危机,亦能力修炼之良机

至此,本书已到尾声。我们最后再来总结一下书中要点。

在现在的高度知识社会的职场上工作,需要具备如下"五项能力":

第一,基本能力(专注力和持续力)。

第二,学习能力(逻辑思维能力和学习知识的能力)。

第三,职业能力(直觉判断力和智慧的获取能力)。

第四,人际交往能力(交流能力和接待客人的能力)。

第五,组织能力(管理能力和领导能力)。

无论在哪个领域从事何种职业,要成为一名专业人士,在事业上取得成功,光靠"基本能力"和"学习能力"是不够的。还必须掌

握"职业能力""人际交往能力"，甚至是"组织能力"，并且不断去修炼这些能力。

虽然在之前的时代里，只要掌握了"基本能力"和"学习能力"，即便不是"成功人才"，起码也能成为一名"有用之才"。

只要这两方面的能力出色，总能找到工作。企业和组织会为这两种能力所意味的"底子好"买账。

但是在今后的 AI 时代，仅凭"基本能力"和"学习能力"工作的人，早晚会被 AI 抢走饭碗。因为在这两种能力方面，人类无法与 AI 匹敌。因此这样的人，早晚会陷入"AI 失业"（在人工智能时代失业）的困境。

如果要避免"AI 失业"的危机，就要掌握"职业能力"这种更为高级的能力。

不过，在"职业能力"中有一种被称为"直觉判断力"的能力，AI 通过"deep learning"（深度学习），在某些领域已经远超人类了。

因此我们必须有这样的心理准备，今后在许多领域，AI 的"直觉判断力"都将凌驾于人类之上。

在这种情况下，我们必须修炼与自身职业相关的其他"职业能力"，或者去掌握更高级的"人际交往能力"和"组织能力"。

无论如何，在今后的 AI 时代，如果想成为一名"成功人才"，必须要掌握出色的"职业能力""人际交往能力"和"组织能力"，并不断修炼这三项能力。

本书列举了"职业能力""人际交往能力"和"组织能力"中尤为重要的"六种能力"。它们是人类在今后的时代，无论 AI 如何发展、普及，都绝不会被取代的高级能力。本书讲述了如何学习和修炼这六种能力。它们分别是：

"职业能力"中的"智慧的获取能力"和"智慧的传授能力"。

"人际交往能力"中的"非语言交流能力"和"经验型共情能力"。

"组织能力"中的"心灵管理能力"和"带领成长的能力"。

今后的时代风起云涌，我们需要知道在人类所拥有的"优秀品质"中有一项特别重要。它在本书的开头就提到过。

那就是，敏锐地察觉即将到来的危机，并提前做好准备。

即将到来的 AI 时代，伴随着前所未有的"AI 失业"危机。真心希望诸位聪明的读者，从现在开始努力提高自己的能力，不断修炼自己的能力，防备这场危机。

不过这一切，其实并不真的是为了"活下去"，为了"不被淘汰"。

因为互联网革命和 AI 革命这种"信息革命"的本质并非"淘汰人类的革命"。

"信息革命"的本质是"让人类去做不会被机器和电脑替代的、更高级的工作的革命，让人类释放出更多能力的革命"。

既然如此，我们最后再来复习一下"危机"这个词语的含义。

"危机"（crisis）包含"危险"（risk）和"机会"（opportunity）两重含义。

面对即将到来的"AI 失业"之"危机"，希望诸位读者能如上述词义解释般，将"危机"变为"机会"，甚至变为"良机"，通过修炼本

书所述的"三项能力"，取得前所未有的成功。

通过本书与读者诸君相遇，甚是感谢。就此止笔。

AI时代大幕将启，愿诸君前程似锦。

关注日本　研究日本

卢明明

　　打开世界地图，在中国的东北方向有个由一连串大小迥异的岛屿构成的国家，它既是我们两千余载的近邻，又是一百来年的宿敌。

一、中国如何看日本

　　倘若有兴趣上网搜索一下古今中外要人对日本的评价，会发现如下信息：

　　　　大清康熙皇帝曰："倭子国，最是反复无常之国。其人，甚卑贱，不知世上有恩谊，只一味慑于武威……"

　　　　法国孟德斯鸠云："日本人的性格是非常变态的。在欧洲人看来，日本是一个血腥变态、嗜杀成性的民族。日本人顽固不化、任性作为、刚愎自用、愚昧无知，对上级奴颜婢膝，对下级凶狠残暴。日本人动不动就杀人，动不动就自杀。不把自己的生命放在心上，更不把别人的生命放在心上。所以，日本充满了混乱和仇杀。"

法国戴高乐总统谓："日本，这是一个阴险与狡诈的残忍民族。这个民族非常势利，其疯狂嗜血程度类似于欧洲中世纪的吸血鬼德库拉，你一旦被他看到弱点，喉管立即会被咬破，毫无生还可能。"

美国富兰克林·罗斯福总统称："日本民族是有史以来我见过的最卑鄙、最无耻的民族。"

巨富约翰·D·洛克菲勒说："日本人除了复制别国科技外一事无成，它何曾独立为世界文明作过贡献？充其量只是个工匠型的二流民族而已。"

据日本《朝日新闻》2016 年 5 月 3 日报道，公益财团法人新闻通信调查会对外公布其在美国、中国、韩国、英国、法国及泰国共 6 个国家所实施的"有关日本媒体舆论调查"，结果显示，中国受访者对日本的负面和正面看法分别为 90％和 5％。

每逢"九一八""七七"等中国的国耻日、纪念日，以及中日两国因钓鱼岛问题勾起纠纷时，大批中国民众会异常激愤地在网上对日本口诛笔伐。

不言而喻，中国人民在与日本的战火中备受戕害。战后，中日两国在 20 世纪 70 年代恢复邦交后，曾一度建立起相当密切的交往合作关系。遗憾的是，两国关系近年来发生逆转，持续低迷。

从我们的历史记忆和现实视野中，对于这个国土窄小但具有能量的国家，似应注意到这样两个侧面：

一面，因为与清、俄两回格斗，自战胜而狂，悍然撕咬亚洲各国，并在整个世界恣肆掀动腥风血雨，四邻皆成深仇大恨。

一面，由于吞虎吞象，一朝摧折，缘战败而强，决然革新体制结构，激励全体国民迅捷复兴社会经济，一跃而为经济强国。

对于日本这个中国长久的近邻和曾经的宿敌，我们理应格外关注和深入研究。要注意的是，日本绝不是能用唾沫淹之的"蕞尔小国"。

知己知彼不仅是战场、商场斗争的必要条件，也是人际、国际交往的基本前提。事实上，迄今为止，我们对这个国家的认知，似可以一言蔽之：眼中茫昧，梦里依稀。

众所周知，中国知有日本乃始于《山海经》，以后历代正史大多设有日本传记；至明清，叙述稍详。但所有这些著录，都不免停滞在浅表层面。恰如陈舜臣先生所言："过去中国人了解日本，主要是从旅行者、九州古代政权的使者等那里听来的，不论是关于理论还是关于现实，都是很遥远、很朴素的传闻。"

直至近现代，自黄遵宪的《日本国志》、戴季陶的《日本论》、王芸生的《六十年来中国与日本》、蒋百里的《日本人：一个外国人的研究》等寥若晨星的专著问世，才开始改变中国人对日本"知其一不知其二，见其外不识其内"的粗略认知。

作为戊戌变法重要参与者的黄遵宪，堪称高度关注、系统研究日本的中华第一人。他就任驻日参赞官期间,亲见明治维新通过一系列制度改革而致日本神速富强的事实,"乃信其改从西法,革故取新,卓然能自树立"。因此,黄遵宪花费八九年时间,精心编写了以介绍制度为主的《日本国志》,以"质之当世士夫之留心时务者",纠正国人对日本的模糊观感。

他所写的《日本国志》共 40 卷、50 余万字,分"国统""邻交""天文""地理""职官""食货""兵""刑法""学术""礼俗""物产""工艺"等十二志,书中对明治维新的相关内容记述颇详。全书除"国统""职官""邻交""学术"等志略述古代内容外,其余八志全部记载明治维新历史。书中以"外史氏曰"的方式来阐述黄遵宪自己对这场变革的研判,且推及中国。

但因清廷高层颟顸,黄遵宪《日本国志》一书的出版搁置十年之久,迨至甲午战败才得以问世。梁启超因之甚为痛惜,认为倘《日本国志》能及时出版,就不至"令中国人寡知日本,不鉴,不备,不患,不悚,以至今日也"。

此书甫一出版,洛阳纸贵,广受热捧,在戊戌变法时期对光绪皇帝及朝野维新人士影响甚巨,一时间引发了学习日本的思潮;不少人甚至倡言聘用伊藤博文担任朝廷改革顾问,贵州举人傅麇干脆奏请"留伊藤为相,以行新政"。

后来,尽管发生了戊戌政变,以慈禧为核心的清朝统治集团对于明治维新的兴致却不稍衰减。1905 年,为缓解统治危机,清廷想效仿君主立宪,派出两个高级代表团,分别前往欧美和日本等国考察政治,立宪派重要代表、镇国公爱新觉罗·载泽率团亲赴日本考察立宪制度。直到清朝结束统治，这波高潮才渐消退。

十几年后，留学、旅居日本多年的戴季陶"鉴于中国人对于日本，总抱着一个'我们是文化的先进国'的历史心理"，"对于日本的社会，观察错误和判断错误，很普遍的"。他警醒国人："你们试跑到日本书店里去看，日本所做关于中国的书籍有多少？哲学、文学、艺术、政治、经济、社会、地理、历史各种方面，分门别类的，有几千种。每一个月杂志上所登载讲'中国问题'的文章，有几百篇。参谋部、陆军省、海军军令部、海军省、农商务省、外务省、各团体各公司派来中国长驻调查或是旅行视察的人员，每年有几千个。单是近年出版的中国丛书，每册在五百页以上，每部在十册以上的，总有好几种；一千页以上的大著，也有百余卷。'中国'这个题目，日本人也不晓得放在解剖台上解剖了几千百次，装在试验管里化验了几千百次。"他嗟吁："我们中国人却只是一味地排斥反对，再不肯做研究工夫。"戴季陶为此奋笔撰成《日本论》，从宏观角度揭示日本的文化传统与社会性格，并从具体的神学理论、军政大佬个性、外交关系事件等微观角度进行剖析。

1937 年 8 月，民国时期著名军事学家蒋百里撰写了《日本人：一个外国人的研究》，严厉批判日本民族是"一个原来缺少内省能力、缺少临时应用能力的急性的民族"，"原是崇拜外国人的"，但也认可其"很能研究外国情形。有许多秘密的知识，比外国人自己还丰富"，最后引用一位德国长者的告诫"胜也罢，败也罢，就是不要同他讲和"。

由此以降，斗转星移，相似成果，不复见矣。

近年来,虽有中国学者文人撰写若干介绍、研究日本的著述,但仍显管窥蠡测之陋、凤毛麟角之稀。

二、其他国家如何看日本

至今,对日本研究最为透彻的国家首推美国,其中有两位专家影响最大,即露丝·本尼迪克特和埃德温·赖肖尔。

第二次世界大战临近尾声时,为制定对日最后决策,美国政府动员各方专家研究日本,提供资料和意见,其中包括人类学家本尼迪克特。她根据文化类型理论,运用文化人类学方法,把战时拘禁在美国的日本人作为调查对象,同时参阅大量书刊和日本的文学、电影,完成报告。其结论是:日本政府会投降;美国不能直接统治日本;要保存并利用日本原有的行政机构。1946 年,她将自己的研究成果整理出版,取名《菊与刀》,向世界全方位介绍日本的历史、文化、民俗、宗教和制度,旨在"为了对付敌人的行动,我们必须要理解敌人的行为","我们必须努力弄清日本人的思想、感情的脉络以及纵贯这些脉络之中的特点和规律,了解他们在思维和行动的背后所隐藏的强制力"。

接着,长期批评美国政府对亚洲文化特别是日本文化陷于无知泥淖的学者赖肖尔连续发表学术著作,不时举办教育讲座,以促进美国对日本文化的了解。后来,约翰·肯尼迪总统任命他为驻日大使。赖氏在任期内获得了巨大成功,有效增进了美日两国的关系。

赖肖尔在这方面的研究成果有同费正清合著的《东亚：伟大的传统》（1960 年），以及《日本：一个民族的故事》（1970 年）、《日本人》（1977 年）和《1907—1982 年的日本社会》（1982 年）等。

在这些研究者眼中，日本人和日本文化具有相当的独特性。

一方面，"日本人围绕着禅宗形成了一整套系统的审美观点，这些思想观念成为日本文化的永恒因素。日本人认为纤细、简单、自然乃至畸形怪状，比庞大、壮观、造作和整齐划一珍贵"；另一方面，"日本人生性极其好斗而又非常温和，黩武而又爱美，倨傲自尊而又彬彬有礼，顽梗不化而又柔弱善变，驯服而又不愿受人摆布，忠贞而又易于叛变，勇敢而又懦怯，保守而又十分欢迎新的生活方式。他们十分介意别人对自己的行为的观感，但当别人对其劣迹毫无所知时，又会被罪恶所征服。他们的军队受到彻底的训练，却又具有反抗性"。

具体而言，表现在这样几个方面。

1. 文化素质方面

（1）善于学习

"他们保留了自己的文化特性，而且还显示出他们确实是一个具有非凡创造能力的民族"；"一贯重视非物质资源"，"善于吸取别国的先进技术和文化"。

（2）崇尚教育

日本人从一开始就非常重视基础教育,从而确立了牢固的民族国家和高等教育的基础;"是世界上受到最优秀教育的民族"。

（3）遵从集体

日本人具有酷爱成群结队的天性,"集团主义是日本民族的性格特征";"建立了对于小团体和整个国家都非常珍贵的团结。日本企业的成功极为依赖这种团结,而集体意识是日本民族力量的核心"。

为了使团体制度成功地运转,日本人认为应该明智地避免公开对抗。为避免冲突并维护集体团结,日本人广泛运用中间调停的办法,"尽量减少直接竞争的做法贯穿于日本人的全部生活"。所以他们不喜欢打官司,宁愿接受仲裁和妥协,"诉诸法庭是走投无路的办法"。

（4）重视等级

日本人认为等级制度是天经地义的,身份地位举足轻重,但是阶级意识和实际的阶级差别极其单薄和微弱。他们对等级制的信赖是基于对个人与他人以及个人与国家之间的关系所持的整体观念,但并非无条件地承认等级制的优越,习惯运用一些明确的手段以调节制度,使之不致破坏公认的常规。

在家庭以及人际关系中,年龄、辈分、性别、阶级决定着适当的行为。在政治、宗教、军队、产业等各个领域都有十分周到的等级划分,无论是上层还是下层,一旦逾越其特权范围,必将招致惩罚,充分体现了"各得其所,各安其分"的信条。

同样,日本人在看待国际关系的全部问题时,也都带着等级制的观念。

（5）讲求修养

日本式的教养要求任何动作都要文静，每一句言辞都要符合礼貌。自我修养的概念大致可分为两类：一类是培养能力，另一类则不仅培养能力，而且要求更高，日语称之为"圆熟"，是指在意志与行动之间"毫无障碍，纤发悉除"的体验，它使人们能够最有效地应付任何局面，用力不多不少，恰如其分，能使人控制恣意妄为的自我，不躁不乱，无论是遇到外来的人身危险还是内心的激动，都不会失去镇定。

在日本，孩子要在家里学习礼仪并细致地观察礼仪。母亲背着婴儿时就要用手摁下婴儿的头，教其懂礼节。幼儿摇摇晃晃会走路时，要学的第一课就是尊敬父兄。妻子要给丈夫鞠躬，孩子要给父亲鞠躬，弟弟要给哥哥鞠躬；女孩子则不论年龄大小，都要向哥哥和弟弟鞠躬。

（6）通达应变

"日本已经证明自己是一个生机勃勃、充满活力、能适应快速的有目的的变化的民族"，对于变化着的外部局势的反应极其敏锐，能迅疾判断形势，把握时机，迎接挑战；"一旦他们选择了一条路就会全力以赴，如果失败了，就顺理成章地选择另一条路"，他们认为采取了某个行动方针却未能实现目标，就会把它当作失败的主张加以抛弃。

2. 道德素质方面

日本人的人生观表现在他们的"忠、孝、情义、仁、人情"等德行规定之中。他们认为，"人的义务的整体"就像在地图上划分势力范围一样分成若干领域。用他们的话来说，人生是由"忠的世界""孝的世界""情义的世界""仁的世界""人情的世界"及其他许多"世界"组成的。

（1）忠君守法

日本人"忠"的对象转向具体的人，且特指天皇本人。从丧葬到纳税，税吏、警察、地方征兵官员都是臣民尽忠的中介。

1945 年 8 月 14 日日本投降时，日本人的"忠"向全世界展示了。在天皇尚未宣布投降之前，反对者们围住皇宫，试图阻止停战诏书的宣布；但诏书一旦宣布，他们就全都服从了。

（2）行孝敬祖

日本的"孝道"只局限于家庭内部，充其量只包括父亲、祖父，以及伯父、伯祖父及其后裔，其含义就是在这个集团中，每个人应当确定与自己的辈分、性别、年龄相适应的地位。孝道是必须履行的义务，其中甚至包括宽待父母的恶行或失德。

日本人的祖先崇拜只限于记忆中的祖先。祖先墓碑上的文字每年都要见新，若是已无记忆的祖先，其墓碑就无人过问，家里佛龛上也没有他们的灵位。日本人注重的，是现时现地。

（3）重义推诚

"在日本，'义'是靠承认一个人在互欠恩情这张巨网中的适当地位来维持的，这张网既包括其祖先，也包括其同代人。"

日本人对老师、主人负有特殊之义，因为他们都是帮助自己成长的人，对自己有恩，所以将来也可能在老师、主人等有困难时答应他们的请求，或对他们身后的亲属给予特别照顾。人们必须不遗余力地履行这种义务，而且这种恩情并不随着时间流逝而减轻，甚至时间越久，恩情越重，形成一种"利息"。所以日本人不喜欢随便受恩而背上人情债。

在日本，自尊心是与报答施恩者联系在一起的，人们把不能报恩的人视为"人格破产"之人。

在道德方面，日本人强调"诚"，"是指热诚地遵循日本道德律和日本精神所指示的人生道路"。"诚"这个词经常用来赞扬不追逐私利的人，也经常被用来颂扬不感情用事的人。

（4）知耻自律

日本人把羞耻感纳入道德体系之中。不遵守明确规定的各种善行标志，不能平衡各种义务，或者不能预见偶然性的失误，都是耻辱。他们认为，知耻为德行之本，任何人都需注意社会对自己行动的评价。他们须推测别人会作出何种判断，并针对别人的判断调整行为，其"共同特点是以操行毫无缺陷而自傲"。

他们热衷于自律和磨练毅力；日本人说的"自重"，意思是自我慎重，自重也常常意味着克制。

再有，面对无法完成的复仇目标，日本人往往会倾向于毁灭自己，以"保证尊严和荣誉不被践踏"。

（5）适情享乐

他们追求享乐，尊重享乐，但享乐又必须恰如其分，不能侵入"人生重大事务"，不能把享乐当作严肃的生活方式而纵情沉溺。他们把属于妻子的范围和属于性享乐的范围划得泾渭分明，两个范围都很公开、坦率。

3.心理素质方面

（1）感情深沉

他们尽可能地掩藏自己的感情，无论喜怒哀乐，都尽量对人笑脸相迎。

（2）坚韧不拔

日本人既有一种宿命论的思想，承认自然界可怕的威慑力量，也有一种坚强的毅力，在灾难发生后重振旗鼓、发愤图强。一个由自制自律而又意志坚强的个人组成的社会能产生一种动力，据此可以解释这个民族所展现出的奋斗精神和雄心壮志。

（3）冒险挑战

他们崇尚武力，热情洋溢，激动好斗，骨子里带有天然的侵略性。

（4）谨小慎微

日本文化反复向人们的心灵深处灌输谨小慎微，轻易不结交新朋友；但一旦成为朋友，友谊也能牢固地保持下去。

日本人的精神高度紧张，唯恐失败，唯恐自己付出巨大牺牲后从事的工作仍不免遭人轻视。他们有时会爆发积愤，表现为极端的攻击行动。

4. 劳动素质方面

他们勤奋工作，能充分地利用每一平方英尺的可耕地，绝不浪费一点点土地。

5. 身体素质方面

他们很重视锻炼，其传统包括最严酷的冷水浴。这种习惯往往被称作"寒稽古"(冬练)或称"水垢离"(用冷水洗身锻炼)。

至 20 世纪 80 年代,日本已成为世界上平均寿命最长的国家。

综上所述,日本民族实在是个具有诸多特色的民族。

三、研究、学习和超越

多数国人也许并不知道,在戊戌政变期间和辛亥革命前后,日本政要及民间人士曾经资助过中国的维新派与革命派人士。

1898 年 9 月 21 日,慈禧太后重新"临朝训政",立即下令逮捕康氏兄弟等维新派官员。梁启超前往日本使馆请求避难,日本公使林权助请示伊藤博文首相,伊藤指示:"那么就救他吧,救他逃往日本。如至日本,由我来照顾他。梁这位青年,对中国来说,实在是宝贵的人物。"林于是将梁秘密送往日本。不久,康有为、黄遵宪等人亦在伊藤等的帮助下,先后到日本避难。之后,伊藤还应英国公使要求,亲往李鸿章宅邸,为已经被捕的维新派官员张荫桓求情。

孙中山在日本期间,也多次受到日本方面的援助。1913 年 8月,孙中山等革命党人避难日本,袁世凯曾向日本方面提出过驱逐孙的要求,遭到婉拒。正是在日本政府的着意庇护之下,孙中山才得以同日本各大财团、民间人士、浪人组织以及军部、参谋本部人士进行广泛联络,以筹措资金,组织人员,整合力量。于是乎,日本一度成为中国革命派培养、酝酿革命力量的基地。

审视日本近一个半世纪以来的发展历程，不能不认识到，正是明治维新为这个国家走向近代化和现代化、自立于世界奠定了厚实的路基，提供了巨大的动能，造就了优异的禀赋。

从这场改变日本国运的改革浪潮中，我们应能发现这个国家所拥有的素质。

第一，奋迅灵动的学习素质。

正如赖肖尔所言，日本人"对于中国，对于其他民族，从未丧失过研究的兴趣，也从未停滞过研究、思索的步伐。他们的做法是：研究、学习，然后超越"。他们尊奉"不耻效人，不轻舍己"的学习观，既勤于模仿别人，又善于在学习、吸收外国文化的同时保持自身的文化个性，亦即"能合欧化汉学熔铸而成日本之特色"。

戴季陶指出，日本明治维新的建设"并不是靠日本人的智识能力去充实起来，而是靠客卿充实起来的。军队是德国人替他练的，军制是德国人替他定的。一切法律制度，在最初一个时代，差不多是法国的波阿索那德顾问替他一手造起的。然而指挥、统制、选择、运用，都是在日本人自己"。

相反，几乎在同一国际背景下，且先于日本启动的、以学习和引进西方长技为中心的清朝洋务运动，则继承了中国历代大一统专制王朝僵化的文化、政治基因，"畏天命，畏大人，畏圣人之言""法先王""遵守祖宗旧制"，束缚于"中学为体，西学为用"的桎梏之中，"一切政教风俗皆不敢言变更"。李鸿章等重臣偏狭肤浅地以为，"中国文武制度，事事远出西人之上，独火器万不能及。……中国欲自强，则莫如学习外国利器；欲学习外国利器，则莫如觅制器之器,师其法而不必尽用其人"。倒是通商大臣张树声看得比较透彻,他认为西方国家"育才于学堂,论政于议院,君民一体,上下同心,务实而戒虚,谋定而后动,此其体也。轮船火炮,洋枪水雷,铁路电线,此其用也。中国遗其体而求其用,无论竭蹶步趋,常不相及,就令铁舰成行,铁路四达,果足恃欤"。

光从西方引入"战舰之精""机器之利"等细枝末节,忙活了三十来年的"同光新政",终于免不了"掘井九轫而不及泉,犹为弃井也"的结局。

第二,通达务实的体制素质。

胡汉民在为戴氏《日本论》所写的序中曾这样评议:"日本之一大飞跃,只是指导者策划得宜。地球上任何邦国,没有像日本指导员和民众两者间智力教育、思想、伎俩悬隔之大的,而能使治者与被治者之间无何等嫉视、不缺乏同情。就是指导者策划实施一切得宜,他们遂能成就此之当世任何大政治家毫无逊色的大事业。"

明治时期,日本建立了国会。从那时起,日本政府就已形成"由集团而非个人进行领导的优秀传统","从来没有出现过独裁者,也从来没有人企图攫取这种权力","对独裁权力乃至领袖权威的反感和对群体合作的强烈偏爱,构成了日本政治遗产的特征"。领导人"总是组成一个集体,轮流负责各种行政事务","日本人不是在高层由个人决策,而是同部属进行广泛的非正式协商,产生一致意见";"他们也明白,国家不能只局限于政府少数人的专制"。吉田茂表示,"明治时期的领导者们以天皇为中心,从自己强烈的责任感出发,保存了决定权,尤其关心如何来吸取国民的活力并如何加以运用"。

1868 年,明治天皇颁布了"五条誓文":"一、广兴会议,万机决于公论;二、上下一心,盛行经纶;三、文武一途以至庶民,各遂其志,人心不倦;四、破旧有之陋习,基于天地之公道;五、求知识于世界,大振皇基。"明确宣示了整个国家管理的准则。

回看中国的专制政权,其任何关键决策必须恭请圣谕、圣旨,惟蛰居深宫大院的最高统治者马首是瞻。这种决策体制的问题在于:因"天泽极严,君臣远隔","自内而公卿台谏,外而督抚,数百十人以外,不能递折",故"虽有四万万人,实数十资格老人支柱掩塞之而已"。身处权力中心的最高决策者凭借这样的信息通道,根本无法及时、准确地了解国家的真实情况,以致"民之所欲,上未必知之而与之也;民之所恶,上未必察之而勿之施也"。民众企盼"英明"决策,无异于缘木求鱼! 而且,因群臣百姓不敢"妄议朝政",在决策的实施过程中,对目标的偏离不仅得不到迅速纠正,反而会不断加强,直至出现重大失误后才有可能被最高决策者感知,于是引起社会振荡。

如赖肖尔所见,日本人从过去的遗产中得到的"重要的政治财富,是政府具备伦理道德基础的强烈意识"。

应当承认,日本统治集团的抱负从不拘囿于政权利益,而是始终放眼于民族利益和国家利益。他们的战略目标是"看见必定要造成新的生命,然后旧的生命才可以继续;必定要能够接受世界的新文明,才能够在新世界中求生存;在国内的政治上,他更看得见一代的革命必定要完全为民众的幸福着力,必定要普遍地解放民众,才可以创出新的国家",旨在创造"为'人民的生活、社会的生存、国民的生计、群众的生命'而努力的历史"。

并且,这种统治理念和施政行为已被广大日本国民所理解和接受,实现"上下同欲"。正因如此,一百多年间,无论经济、政治、军事如何跌宕起伏,日本整个国家总能"上下一心"、全力以赴。

反观顾盼自雄的清朝,其重大举措罔顾民族、民生休戚,始终只为专制统治服务。

在甲午战争中,清廷一方面通过加征税赋维持军费,另一方面却不惜动用国库,耗费巨额银两为慈禧太后修园祝寿;参战清军治疗伤病的费用和营养费竟要个人承担,战地医疗无法保障。专制政权下,这种视百姓为草芥的愚民、殃民政策,怎么可能帮助清朝获取战场对决的胜券?

第三,睿智忠谨的精英素质。

首先是政治精英。据戴季陶考察,日本的改革"并不是由大多数农民或者工商业者的思想行动而起的,完全是由武士一个阶级发动出来的事业。开国进取的思想固不用说,就是'民权'主义,也是由武士这一个阶级里面鼓吹出来的"。

明治时期,一大批年轻的政治家、军事家和实业家得以进入政府决策集团。当 16 岁的睦仁天皇登基时,木户孝允、大久保利通、西乡隆盛等"明治三杰"的年龄分别为 35 岁、38 岁、41 岁,4 位明治维新核心人物的平均年龄仅为 32.5 岁;其余骨干人物,如板垣退助、三条实美、岩仓具视、井上馨、山县有朋、大隈重信、大村益次郎、伊藤博文和陆奥宗光等，合计平均年龄为 32.6 岁。可以毫不夸张地说，日本整个国家的领导层是个"青年团"！联系古今中外列国历代的改革案例，统治集团的年轻化乃是不可或缺的成功条件。

道理很浅显，社会改革说到底是思维方式与行动方式的更新。虽说年龄层次较低者难免在经验上有缺陷，但其感觉、知觉相对敏锐，富于想象和创新，思维和行动能力强。在社会发生巨大变动、传统经验价值明显衰退的条件下，与年龄层次较高者相比，年轻人更能适应社会运动的快速节奏，所以在一切改革或革命中，他们成为运动主力和核心完全顺理成章。

明治政治精英"细心地在政治方面划清国家职能的领域，并在宗教方面划清国家神道的领域，把其他领域留给国民去自由行事。但是，那些他们认为直接同国家事务有关的统治权，作为新的等级制度的最高官员，是牢牢掌握在自己手中的"；"在每一个活动领域中，无论是政治的，抑或是宗教的、经济的领域，明治政治家们都在国家和人民之间定下了各自所属的'适当位置'的义务"。而日本官僚群体的忠谨、效率和诚实精神，则充分保障了国家机器的平稳、高速运转。

其次是知识精英。吉田茂特别指出，"改革的顺利推进，不仅仅依靠完成明治维新的领导者们，还有一部分人也发挥了重要的作用，他们就是其后出现的知识分子"。这些知识分子生活在德川幕府时代末期，曾在幕府翻译部门担任职务，或者在各藩研究西方情况。他们没有参加过明治维新的工作，但是其中有像福泽谕吉那样从事近代化人才培养事业的人，也有像大隈重信那样担任着官职的人,还有些人像涩泽荣一样进入了产业界。他们虽然从事着不同的工作,但是有着一致的主张,就是大胆引进西方技术和学习西方制度。

对比清朝,在政治精英和知识精英中能"放眼看世界"者凤毛麟角,即便有像伊藤博文那样有治理行动力、福泽谕吉那样有思想辐射力的人,也难成气候。

再次是实业精英。赖肖尔十分感慨:"许多发展中国家面临着日本曾经经历过的危机和灾难,但它们的领导人却以牺牲国民的利益为代价,在国外积累了大量的个人财富。但日本,无论是合法获得的还是非法掠取的利润,都没有被隐藏到国外安全的地方,也没有挥霍在摆阔气的浪费中。这些金钱被重新投资于日本或其他地区的有益的民族事业中了。"

进入 21 世纪,人类世界在日趋激烈的全面竞争中急速发展。中国要复兴和驰骋,需要像日本那样敢于、善于向对手和敌人学习、借鉴,彻底改良和提升体制、精英和国民素质。

现在,一批 20 世纪 80 年代去日本留学的有识之士,正在为我们全面了解、深入研究日本这个近邻而系统地选择一批反映日本社会、经济、文化的书籍,编成"走进日本"丛书。出版有关日本政治、经济、文化、科技等的译著,正是中华民族亟需的一项事业。

戴季陶先生在八十多年前留言:"要切切实实地下一个研究日本的工夫。他们的性格怎么样?他们的思想怎么样?他们的风俗习惯怎么样?他们国家和社会的基础在哪里?他们生活的根据在哪里?都要切实做过研究的工夫。要晓得他的过去如何,方才晓得他的现在是从哪里来的。晓得他现在的真相，方才能够推测他将来的趋向是怎样的。……总而言之，非晓得他不可。"

　　而今，这一期盼终于得到了强实践行。这是善举，也是盛举，更是壮举。我们拭目以待！